鈴木康弘

活断層防災を問う

阪神・淡路大震災 30 年

風媒社

はじめに

1995年1月17日、淡路島北部から兵庫県西宮市付近までのびる活断層の活動により、最大震度7に達する兵庫県南部地震（M7・3）が発生した。これによる甚大な被害はやがて阪神・淡路大震災と呼ばれた。あの日、10秒程度の大揺れで神戸の街が破壊され、6千人以上の方が亡くなった。9割近い方は即死だったことから、早朝5時46分に地震が発生して、夜明け前には5千人近い市民が亡くなったことになる。安心して平和に暮らす都市において、何時間か前におやすみと言って床についた家族が二度と目覚めない。被災者や家族にとっては不条理そのものだった。

この地震をきっかけに地震対策が改めて国家的課題になり、さまざまな取り組みが進んだ。目指したのは、災害を予測して、後悔を残さないようにできる限り事前の対策を進めようということだった。地震後30年が経過し、被害をどれほど軽減できるようになっただろうか。物的な経済被害はもちろんのこと、どれだけ不条理を繰り返さなくてすむようになったかが問われているのだろう。

その後の地震対策には紆余曲折があった。被害軽減の重要性に異を唱える人はいないものの、具体的な課題に直面すると立場の違いによりさまざまな意見があった。経済合理性を優先して、地震の頻度が低いことを理由に、活断層対策は費用対効果が薄いという意見もあった。都市や原発の直下に活断層があり、もしかすると大災害が起きるかもしれないという予測情報が出ても、厄介な話だとして否定しようという動きすらあった。議論の末、なんとか地震防災の道筋が決まっても、時間が経つと振り出しに戻されることもある。不条理が繰り返されることがないよう、この30年の到達点を確認しておきたい。

本書は、阪神・淡路大震災以後、ときにリクエストに応じ、あるいは衝動に駆られて、筆者が活断層防災の考えを書き溜めた原稿を集めたものである。

第1章は、阪神・淡路大震災直後、活断層という社会的には馴染みのないものへの不安が走った時期に、活断層への備えはできるはずだということを、中日新聞や読売新聞へ投稿したものである。最初の発信は地震の3日後だった。

第2章は、阪神・淡路大震災の地震の2年後に中日新聞から依頼を受けて、「人と自然を語る」というシリーズで、活断層を考え直したものである。当時は「地球環境との共生」が強く意識され、２００５年に筆者の地元でこれをテーマとした愛知万博が開催されることになり、その準備が行われ始めていた。

第３章は、阪神・淡路大震災から10年近く経過した頃、活断層地震が再び連続して起き始めた時期のものである。２００４年新潟県中部地震をはじめ、２００５年福岡県西方沖地震、２００７年能登半島地震、２００７年中越沖地震、２００８年岩手・宮城内陸地震と相次いだ。いずれも活断層との関係がわかりにくく、活断層に注目することが地震防災には役に立たないのではないかと言われたため、それに反論した。１９９５年に政府に設置された地震調査研究推進本部（地震本部）において、活断層情報が集約されつつあったが、その情報に不備があることも指摘しなくてはと思った。

第４章は、仙台放送から依頼され、２００８年に始めたインターネット連載記事である。仙台周辺では宮城県沖地震の発生が危惧されていたが、そこには長町－利府線という長大な活断層もあるため、活断層地震への理解を深めたいと思った。また、２００６年に原発の耐震性を確保するために耐震審査のルールが厳しく見直された時期でもあり、活断層の問題が、原発にとって大きな課題であるかもしれないということにも触れた。

そして第5章は原発関連である。２０１１年に東日本大震災が発生した1ヶ月後、活断層が福島県浜通り地震Ｍ７・１を起こした。地表に明瞭な断層が現れて、活断層地震であることが一目瞭然だったが、その活断層がよりによって、東日本大震災の際に爆発事故を起こした福島第一原発の耐震審査の際に見逃されていた。原発建設の際に周辺の活断層を確認することは耐震設計の原点であり、活断層の見落としは原発の安全性への信頼を根底から覆しかねない。その後、全国のいくつかの原発でも同様の問題がある可能性が指摘された。こうした混乱について、筆者なりに検証し、改善に向けた提言を発信した。

第6章は、東日本大震災以降に、改めて地震防災のあり方に関する考えをまとめたものである。東日本大震災の際の「想定外」とは何だったのか。阪神・淡路大震災の際に注目された「震災の帯」の原因は何だったのか。阪神・淡路大震災から21年後に起きた２０１６年熊本地震において、それまでの取り組みは功を奏したか。２０２４年の能登半島地震の際にも、住民は30年前の神戸と同じように、地元で大きな地震が起きるとは思っていなかったのはなぜだったのか。30年間の取り組みについてどう評価したらよいか。熊本や能登の例に見る限り、社会の脆弱性は一向に減らず、少子高齢化や過疎過密や技術過信が進んだためかえって危なくなっているのかもしれない。地震が再び大都市を襲ったら、神戸のような大災害が繰りかえされかねないという思いを抱かざるを得ない。

そして第7章は、阪神・淡路大震災から30年の節目にあたり、地震本部は果たして当初の目的を達成できたかを批判的に点検するとともに、この間に進められてきた活断層防災の到達点と、今後目指すべき方向性について議論した。

このように本書において、四半世紀の問題提起と社会の反応をふり返ると、さまざまな軋轢から理想通りには進まない社会情勢も垣間見える。それはおそらくいつの時代にも共通するかもしれず、その意味で、次のフェーズの活断層防災のあり方を議論するためのヒントがここに隠されている可能性がある。なお、臨場感を保つために原稿はできるだけ当時のままとし、必要に応じて文言を補った。当時の被災者の悲しみや、研究者や行政担当者の意気込み、社会の反応に思いを馳せながらお読みいただき、将来を展望していただく一助になれば幸いである。

活断層防災を問う――阪神・淡路大震災30年　目次

第1章

阪神・淡路大震災の衝撃 1995－1996

1995年1月17日午前5時46分、兵庫県明石海峡付近の地下17㎞を震源としてM7・3の直下型地震（本書では活断層地震とも呼ぶ）が発生した。気象庁は平成7年兵庫県南部地震と命名し、これによる災害は阪神・淡路大震災と呼ばれるようになった。死者・行方不明者は6434人であった。地震発生直後にNHKラジオで伊藤和明解説委員（当時）が、六甲断層と呼ばれる活断層が原因であることを解説したが、当時、活断層は一般に知られていなかったため、未知の地震として社会不安が広がった。

活断層危険度は調査できる

（「中日新聞」1995.1.20）

活断層が引き起こした兵庫県南部地震によって甚大な被害が生じ、日本中の誰もが心を痛めている。我々活断層研究者にとっては、これまでの研究が防災に活かされなかったことが残念でならない。

活断層による内陸直下地震は予知ができず、突然やってくるため、お手上げであるという認識は間違いである。有効な対策はいろいろある。これまではそれに対する社会的なニーズが低かったために実現していなかっただけだ。戦後約50年間、好運なことに日本は直下型地震に見舞われずに済んだが、その危険性はかねてから指摘されていた。それが現実となった今こそ、活断層に正面から取り組み、対策を真剣に議論すべきである。

活断層がどこにあるかということについてはすでに10年以上前からわかっている。誰の家の下を通っているかわかっている場合もある。それなのになぜ災害対策が立てられないままになっているのであろうか。その理由のひとつは、活断層がいつ動いて地震を起こすかがわからないためである。

日本列島の活断層は個々に固有の活動周期を持っており、その周期は概ね千年から数千年程度である。この周期の長さは人間のライフスパンをはるかに超える。「そんな千年以上も先のことを真剣に考えて対策を立てる余裕はない」といった意見がよく聞かれる。しかし果たしてそうだろうか。確かに周期は長いけれども、地震は「明日」かもしれない。

「次にいつ断層が動くか」はわからないが、今後数百年間は比較的安全な活断層か、危険な活断層かを判断することはできる。断層が沖積層（新しい時代の地層）を切っている場所で、深さ3～5m程度の溝を掘って地層の年代と乱れ具合を調べる。最後にいつその活断層が地震を起こしたか、周期はどれくらいかを明らかにする。このトレンチ調査と呼ばれる方法で、地震の切迫具合がわかる。サンアンドレアス断層を抱えるアメリカのカリフォルニア州では、断層通過地点付近を開発するときには調査することが法律によって義務づけられている。

トレンチ調査はこれまでに、約1500以上ある日本の活断層のうちの約30に対して延べ60回程度行われているのみである。とくに、六甲断層のように都市域に位置する、防災上重要な断層ほどトレンチ調査は実施されていない。それは、調査に強制力や社会的な要請のない現状においては、調査を実施できる土地を確保できないためである。調査の重要性が社会的に認知されてニーズが高まれば、この問題の解決は困難ではないはずである。活断層を調査できる人の数もニーズとともに増加し、十分な検討ができるようになるだろう。

カリフォルニア州で法律によって活断層調査が義務づけられている背景には、サンアンドレアス断層が数十~百年程度の周期で動くために、活断層問題が決して避けて通れないという事情があった。これに対し日本の活断層は周期が一桁以上違うので、その必要はないという意見もあるが、活断層が引き起こす地震に対してやればできる対策はいくつもあるということは事実である。トレンチ調査のような基本的な調査から、都市計画・設計・建設に至るまで枚挙にいとまがない。

今こそ、これまでのように活断層をみて見ぬふりをするのはやめて、真剣に対策を議論すべきである。まず手始めに住民ひとりひとりが、「居住地近くの活断層の危険性を調べてほしい」という切実な要求を、地方自治体や国に対して提出してほしい。今こそその時である。兵庫県南部地震の犠牲者に報いるためにも、その教訓を活かしたいものである。

（「中日新聞」1995.1.25）

活断層対策を議論すべき時

今回のような地震災害を目の当たりにすると、活断層に対して恐怖心が高まってくる。活断層は地震を引き起こす元凶として確かに恐ろしいものであることは事実だが、やみくもに恐れ、疑心暗鬼になる必要はない。

それは、ひとつの活断層が動くのは千年〜数千年に一度の出来事であり、その点からいって我々が、自らの居住地近くの活断層が地震を起こして被害に遭遇することは滅多にないからである。神戸ではおよそ20年前までに、活断層が存在することが明らかになっていたが、その後も気にかけなかった。今回のような地震を経験すると、他地域においても安心していられなくなってきたが、日本の活断層はさほど頻繁に地震を起こすわけではない。

疑心暗鬼になる必要がない最大の理由は、科学的な調査が十分可能であり、それに基づいた対策を講ずることも可能であるからである。まず第1に活断層の存否はかなり高い精度で判定できる。すでに15年前（1980年）に『日本の活断層』という本が東京大学出版会から公刊され、そのなかで全国の活断層分布が縮尺20万分の1の地図上に示されている。これを見れば自分の居住地付近に活断層があるかないかがわかる。近所になければとりあえず不安を解消できる。

不運にも居住地付近に活断層があったらどうか。その場合には、その活断層が過去においてどれだけの周期で地震を起こし、また最近の地震は何年前に起きたのかを科学的に調査することで、将来の地震発生の切迫具合を知ることができる。例えば、千年周期で地震を起こしている断層が、百年前に地震を起こしていることが明らかになれば、今後の数百年間は大丈夫ということになる。しかし、過去に千年周期で活動していた断層が、最近千年近く地震を起こしていないという場合には、地震発生確率が高いと判定される。

しかしこのような判定には精度の限度がある。それは、断層が正確な時計を持って活動しているのではなくて、活動周期にばらつきがあるらしいからである。したがって、あと何年後に地震が起きると断言することはできない。それが活断層地震の予知は不可能であるというひとつの理由であり、新技術が今後開発されることを待つしかない。

この方法によってもし要注意の活断層と判定されたら、防災計画を考える必要がでてくる。活断層近傍に被害が集中することは立証されている。活断層の分布を考慮して病院・学校等の公共施設や、各種の福祉施設等を再配置する。ライフラインについても再配置を検討し、被災が想定される箇所には耐震構造化や安全弁の設置を図り、さらに効率的な復旧計画をあらかじめ検討しておく。活断層近傍の家屋については室内外の耐震化を図る。活断層の分布と地盤条件から地震の揺れの大きさを予測することが可能なので、詳細な被害想定に基づいた具体的な防災計画を立案することができるはずである。

また、要注意断層のリストアップができれば、その断層沿いに各種観測網を配置し、短期的な予知を行うことも将来的には可能になるかもしれない。以上は活断層地震対策のひとつのシナリオであり、詳細についてこれから議論を始める必要がある。

ただし、活断層調査には相当の時間と経費が必要であり、現状の調査体制では対応しきれない。また、上述のような防災計画を実行するには、とくに都市化が進んだ地域では住民の理解なくしてはできない。したがって既存の自治体組織や調査機関に、現体制のまま対策立案せよと要求するだけでは無理がある。経済的な新たな負担も必要になる。日本列島で安心して暮らしていくための代価として高いか安いかを含めて、今こそ活断層地震対策の必要性を住民レベルで真剣に議論する時である。

（「中日新聞」1995.2.7）

活断層のランク分け急務

改めて活断層対策の要点と課題は以下のようにまとめられる。

（1）活断層のランク分け

都市を壊滅させるような活断層地震がいつ起きるかを予知する方法は現在のところない。明日かもしれないし千年後かもしれない。決して無視できないが、地震が発生することを前提とした都市構造に大改造することは容易ではない。予知に頼らず都市のつくりを強固にすることを東大地震研究所の嶋本利彦助教授（当時）は提案しているが、全国に１５００以上ある活断層をすべて考慮して都市を改造することはなかなかできそうにない。

そこで必要となるのが地震発生可能性による活断層のランク分けである。今後、活断層の過去の活動歴を調べあげていけば、この作業は可能になるだろう。初めから全部の活断層について対策を講ずることは経費の面からも難しいが、防災対策は急を要する。ランクの高いものから順に対策を立てていくことが妥当であると考える。

(2) 守るべきものは?

具体的な対策を考える場合、「何を守るべきか」を議論しておく必要があろう。高速道路や鉄道の橋脚が倒壊した事実は衝撃的で、高額の税金をかけてつくられた社会資本が壊れることは確かに困ったことである。しかし、なにより重いのは人命であり、活断層地震の対策として最初に検討されるべきことは「いかに人が死なないようにするか」の一点ではないか。今回、政府や自治体の災害復旧活動に対する批判も高まり、社会資本の補強は実施されるべきであるが、これらは他の自然災害にも共通する問題なので、活断層地震対策として新たに検討されるべきことではない。

建築学の専門家は今回倒壊した建物は建築基準法改訂以前のもので、倒れるべくして倒れたという判断を示しているが、そもそもそのような建物が活断層の上に放置され、そのなかに、そうとは知らされず人々が住んでいたことに問題がある。活断層の上に病院が建っている、学校がある、各種福祉施設がある、このようなことは今後、許されるべきではない。経費の如何に関わらず、第1番目に改めるべきことではなかろうか。地震の危険性の高い活断層近傍の家屋の耐震化については助成すべきである。

今後百年程度を想定した場合でも、特定の断層が地震を起こす可能性は一般には低いため、対策の効果が現れる可能性は大きくない。それを承知で投資しなくてはならず、何もかも守ろうという完ぺきな対策を目指して巨額を投ずることには合意が得られにくい。そのため今回の地震をきっかけに「解決すべき最優先の課題は何か」を議論し、それを優先的にやるしかない。これは地震危険度のランクの高い活断層から対策を、という論理に通じる。高速道路や鉄道等の社会資本だけが補強されて、それでおしまいになってしまっては、今回の地震の教訓としてはお粗末すぎるのではなかろうか。

（3）法規制は？

広島大学中田 高 助教授（当時）は数年前から、活断層上の土地利用を制限するアメリカのカリフォルニア州にならった法律（活断層法）の必要性をたびたび提言していた。私は、活動周期の長い日本の活断層について、アメリカ流に厳しく法規制することはできないと思うが、中田助教授が主張するように、断層の真上に病院・学校・福祉施設等や原発を置くべきではないという意見に賛成する。カリフォルニア州では、一般の民家についても断層直上に建築することは基本的に禁じられている。カリフォルニア州の活断層は活動周期が百年程度と短いため、このような規制も一般に受け入れられていて、この法律に対してアンケートを行うと、撤廃よりも強化を求める意見の方が多いという。しかし、日本では活断層の活動周期が人間の寿命より長いため、日本流のアレンジが必要であろう。

「要警戒断層」が指定された場合、断層周辺地域の地価が下落する可能性もある。アメリカでは地震保険料率やローンの利率にまで影響が出たらしい。このように断層近傍の居住者には不利益が生じる可能性があり、混乱を避けるためにも、何らかの方法で社会が補填することが望ましい。また、移転や耐震構造化を希望する場合には助成すべきであろう。「要警戒断層」指定は市民の幸福のために行うものであり、副作用として特定の人が不利益を被ることは極力避けたい。仮に警戒地域指定され、ある程度土地利用が制限されても、少なくとも経済的には保証され、また耐震構造化等の適切な処置によって安心が手にはいるのであれば、混乱を招くことなく活断層対策が進展するのではなかろうか。

（4）課題は？

活断層の通過地点を掘って調べるトレンチ調査をやれば、簡単に将来の地震発生の可能性がわかるかというと、決してそうではない。いくつかの活断層についてはトレンチ調査によって過去の8～10回程度の活動時期が判明し、そこから将来の地震発生可能性の大小がわかっている。しかし、わかるまでには相当多くのトレンチ調査を必要とした。トレンチ調査は地層の乱れ具合で過去の地震の証拠を探す調査であるため、地層が欠落していればわからない。過去1万年間に地層が途切れることなく堆積したことが予想される場所を狙ってトレンチ調査は行われるが、いつも予想通りというわけにはいかず、仮に2千年～3千年前の地層が欠落していると、その間の地震は見つけることができないといった具合である。調査を成功させるには単に地質学ばかりでなく、古環境を過去にさかのぼって推定することのできる地理学的な能力も必要となる。

なかにはトレンチ調査ではわからない断層もある。濃尾平野西部の養老断層はその例で、断層通過地点が養老山地から流下する扇状地堆積物に厚く覆われていて、正確な位置すらわからない（その後1996年以降の詳しい調査により、ようやく判明している）。このような場合には、浅層反射法地震探査や大規模なボーリング調査が必要となる。関東平野のような、軟弱な地層の厚い地域における未確認の伏在断層の発見にも、同様な手法が必要となる。

活断層地震対策を検討する上で現在最も有力視されるトレンチ調査ですら、このように技術的にはいろいろな問題を抱えており、決して万能ではない。今後、これを補足する新たな調査法の開発も必要となろう。

技術的な問題もさることながら、さらに深刻なのは研究者・調査技術者の不足である。活断層をこれまで本格的に調査してきたのは、通産省工業技術院地質調査所地震地質課（当時）と、地質学および地形学の大学研究者、それに一部の地質コンサルタント会社および電力会社関連の研究所であった。とくにこのうち科学者にとっては、大地の変動のメカニズムを知るために活断層を調べていたのであって、その活動がもたらす災害の軽減を本業とはしていなかった。

今後は、活断層対策を専門に研究し、同時に自治体の防災部門や民間の断層調査業に従事できる人材を育成する専門機関（仮称：活断層研究所）が必要になる。そこには活断層調査部門の他、防災工学・建築地盤工学や、政策や法律面の整備についても検討できるセクションを併設すべきである。以上のような総合的な対策を本格化させるまでには、少なくとも10年から20年の歳月と、相当な費用がかかることを覚悟しておく必要があろう。

防災の鍵握る活断層公表

（「読売新聞」論点　1996.9.4）

阪神・淡路大震災を機に注目が集まっている活断層について、「それがどこにあるか」という最も気になる情報が公開されつつある。今回の情報公開にはどういう意味があって、また、その情報をどう受けとめるべきなのだろうか。

建設省国土地理院（当時）は9月中にも、都市周辺地域の活断層分布図「都市圏活断層図」を製作し、市販を始める。2万5千分の1の地図上に活断層の位置を示したもので、数十メートル程度の誤差で活断層の位置がわかる。第一線の活断層研究者が改めて詳細に検討し直した結果に基づいており、現状においては最も信頼度の高いものであることは間違いない。

しかし、活断層の存在をすべて掘って確認したわけではなく、推定の部分があることも否めない。また、活断層対策の方向付けも未了の状況のなかで、公開することには賛否両論あった。しかし、新聞報道にも見られる「大阪では93%が公開を支持」といった世論の追い風を受けて、情報公開の原則にのっとることとなった。

そもそも、情報公開とは何だろうか。それは、単に国民の知る権利を守るということではなく、情報を受ける側に判断が任されるということであり、活断層があるという情報が、「だからどうなのか、どうすればいいのか」の結論抜きに提供されるということでもある。もちろん行政側には、情報公開したことで肩の荷を下ろされてはたまらない。情報が正しいかどうかのチェックはもちろんのこと、「活断層にどう対応すればいいのか」の合意形成ができるよう下地を整備してもらわなくてはならない。

情報を受ける側はもっと大変である。否応なしに活断層対策の議論の主役にされてしまう。マニュアルがないままにこの情報を受け入れなくてはならない、という大変な事態になる。議論の前提となる活断層についての知識が、十分普及しているかどうかについても疑問がある。「活断層があれば即、危険」といった誤解やデマに左右されて、地価が変動する可能性もある。変動を緩和するための方策も本来必要であるが、今のところ施されていない。そのため、情報を受け取る側の姿勢にすべて任されているといっても過言ではない。

万が一活断層が動けば、活断層の真上の構造物は断層変位による直接的な被害を免れることは難しい。その意味で、活断層情報は重く受けとめなくてはならない。しかし、一方で、そのような地震の再来周期は非常に長いため、地震発生は稀であり、東海地震などのようなプレート境界で起きる地震や、台風や集中豪雨による水害や地盤災害等に比べても、発生頻度が著しく低いというのも事実である。

「活断層がどこにあるか」は、活断層を調査するにしても警戒するにしても、また対策を議論するにしても、まず最初に必要不可欠な情報であり、これを公開しないことには何も始まらないという判断が今回の情報公開の背景にある。活断層の詳細な位置が公表されることで、地域全域の災害予測や、活断層の位置を考慮に入れた都市や地域の設計が初めて可能になる。

それでも、活断層沿いの住民にとっては、甚だうっとうしい情報と受け取られるかもしれない。しかし、そのような人にとってこそ、この情報が有意義なものであることも事実だ。それは、この情報によって改めて防災意識を高め、活断層と災害予測に関する調査を行政に求めることが可能になるからであり、また、適正な耐震住宅化などにより、自らの生活をより安全なものにすることも可能になるからである。

「最も深刻な被害の発生源に対策を施す」ことが公共の利益にも通じるということは、火災の場合を考えても明らかである。その意味から、活断層調査結果に基づく活断層近傍の家屋の耐震構造化や、さらに場合によっては活断層上から他地域への移転については、当事者の意向を汲みつつ、経費負担を含めて社会全体で取り組むべき問題である。

活断層を多く抱える日本では、なんとか活断層と共存する方策を考え出さなくてはならない。今回の情報公開に際して、「活断層があれば危険」と性急に決めつけるのは正しい判断ではなく、地価を左右するような過剰な反応も、是非、避けなければならない。そのような事態になって、活断層沿いの住民に著しい不利益を押しつけてしまうと、これ以上の活断層情報の公開は困難になり、対策自体が頓挫してしまう。

行政には地価の変動を厳重にチェックし、もし万が一そのような事態が生じた場合には、適正な措置を検討してほしい。場合によっては、活断層直上の一定範囲を国有地として買い上げることも検討すべきである。

活断層とはなにか、これとどう共存するかを、市民レベルで考えられるようにするためにも、今回の情報公開の成否は重要な鍵を握っている。

第2章

活断層との共生を考える　1997

（中日新聞土曜招待席「人と自然を語る」シリーズ）

問われる自然災害観 ―地震被害から何を守るのか―

（1997.3.22）

大地を切り裂く活断層。その活断層の変位が長期間のうちに何回となく繰り返されると、やがて丘や山脈がつくり上げられていく。そのさまは大自然の造形美であり、地形学者はそれに魅了されてきた。阪神・淡路大震災の惨劇を経験した今、そんな暢気なことを言うのは憚られるが、考えてみれば現にわれわれ日本人は、噴火の恐ろしさを忘れて富士山を賛美している。噴火の際に流れ下った溶岩がせき止めてつくった富士五湖の湖畔に集い、清涼な風と富士の雄姿を満喫している。地殻変動が活発な大地に暮らす日本人は、自然災害の危険性を深刻にとらえないという独特な自然災害観をもっているのかもしれない。

しかし、一瞬にして6千人もの尊い人命を失う災害に直面し、その原因となった活断層に何とか対処したいと多くの人が願うようになった。このまま何も手を打たないままに、やがて必ずやってくる次の直下地震に遭遇するのだけはかなわない。稀にしか起きない災害だから無視していいという、今回の大震災以前にはごく普通に聞かれた意見は、今となってはもはや聞かれなくなった（図1）。

19世紀まで、日本人の地震災害観はひたすら「畏怖」の一語に尽きた。そもそもまったく原因不明の大地の揺れに心身ともに翻弄され、なすすべがない「無力」な状態だった。古来、石

図１　倒壊した阪神高速道路神戸線（神戸市東灘区深江南町、1995年１月17日 共同通信社提供）

づくりの建築物を築いて、これを永遠に残そうという発想に乏しかったのも、また人生や社会に「無常観」が強かったのも、地震をはじめとする自然災害に大きく影響を受けていたものと思われる。

それが20世紀の後半になってさまがわりした。地震学の進歩によって地震の正体が断層であることがわかり、東海地震などがどのようにして起きるかがアニメーションでも紹介されるようになった。また70年代後半からは地震予知計画がスタートし、地震に関する知識が普及した。これらは間違いなく大きな意義があった。しかし一方で、地震についてみんな「知ってるつもり」になり、大地震の直前には教えてもらえるかのような、とんでもない錯覚に陥りやすくなった。

また、建築技術に対する過信から、多くの人が「安全神話」を暗黙のうちに受け入れていたように思う。

阪神・淡路大震災がなぜあれほど衝撃的だったか。犠牲者の多さがその第一の要因だったことは間違いないが、「神話の崩壊」も大きかった。地震を機に改めてその恐怖を再認識した。そして地震について無知であることを専門家も含めて多くの人が痛感した。高速道路の橋脚が倒潰したのを見て、また一方では、震災の帯の中にあっても壊れなかったマンションを見て、構造物の耐震化は不可能ではないけれども、「程度問題」であることがわかった。

いま我々は地震に対してもういちど謙虚になって、勉強し直さなくてはならないのではなかろうか。それと同時に、「地震から何を守るのか」を議論しなくてはならない。高速道路の橋脚は、「地震に備えて筋力アップ中!」の看板のもと、鉄板が巻かれ補強されている。大型構造物を耐震化することも有意義ではあるが、地震対策は、おもに経済的な理由で、やれる限度があるのも事実だ。「地震に対して何を耐震化して、何を守るべきか」といった原則論についての国民的な議論がまず必要なはずだ。行政機関から議論を始める気配は一向にない。マスコミをはじめ市民レベルで声を上げるしかなさそうだ。

災害対策 ―限りある費用、人命優先で―

（1997.3.29）

図２　新幹線の車窓から見る富士山

ひとたび起きると大災害になる活断層が引き起こす内陸直下地震。これにどう備えるべきかについて、いまだに答えは出ていない。そもそも日本人は、いつ起きるかわからない自然災害にどう備えようとしてきたのだろうか。

富士山は数十年から４００年程度の間隔で、過去に噴火を繰り返している。前回の大噴火は宝永年間の１７０７年に起きた。このとき、麓の御殿場では、噴煙の黒い雲に覆われ真っ暗になり、真っ赤に焼けた噴石が大量に降り注いだ。噴火は断続的に約20日続き、轟音と振動は江戸の町まで届き、火山灰は小田原で8～16㎝、江戸でも2～5㎝降り積もったという。以来、約３００年噴火していない。やがては次の噴火を迎えることになる。

これに対する防災対策はほとんど検討されていない。われわれは噴火の際、何が起きるかすらほとんど知らない。交通の大動脈である東名自動車道も東海道新幹線も、富士の裾野をかすめている（図2）。

身近な河川が起こす洪水はどうだろうか。日本の大半の河川堤防は、約50年に一度の確率で発生する豪雨に耐えられるレベルである。建設省（当時）は２００年に一度の洪水に耐えるよう、堤防を高くしようとしているが、経費の問題や景観上の問題があり、すぐに改良することは難しい。

したがって現状において大半の河川堤防は、百年に一度の頻度で起きる稀な豪雨には耐えられず、氾濫することがある。乱暴な言い方をすれば、堤防沿いの低地に住んでいる人は百年に一度は流される危険性がある。

日本人はこれまで、百年に一度というような災害について、深刻に考え、議論したことがない。構造物を設計する際にも、その構造物の耐用年数を基準に、その期間内に発生すると思われる災害を通常検討の対象とした。百年を超える耐用年数が想定されることはほとんどなく、そのため百年に一度の災害は検討の対象外であった。まして、「千年に一度」とも言われる活断層が起こす地震は、ダムや原発の建設等、一部の例外を除いてほとんど無視されていた。

経済的な理由から活断層対策には限度があるというのは、単に活断層の数が多いからということではない。災害発生確率が決して高くないということが本質的な問題であり、そのため、「対策に多額の費用をかけることが果たして適当か」とか、「地震が起きない以上、効果が現れず無駄な投資に終わる」とかの批判があったし、また今日もなお、あることは事実だ。本当に無駄かどうか？ それは今後、世論が決めることである。

「安心」を得るための対策としてできることは、「最低限守りたいものを守る」ということに限定される。守るべきものとは、当然のことながら、「人命」であるはずだ。すなわち活断層対策は、「地震の際の犠牲者数を減らすために何が効果的か」の一点に集中させるべきだ。

高速道路の補強についても、災害時の救援活動に必要な部分を確保するという目的に限定してなされるべきではなかろうか。阪神・淡路大震災の際、阪神高速道路がもし倒潰しなかったら、救援復旧活動はもっとスムーズに進んだであろうから、たしかに対策は必要だ。しかし、震災後の日本経済に与えた損失の大きさを根拠に、対策の重要性を主張するのは的を射ていない。まして、活断層が近くにあろうがなかろうが、全国一律に補強するというのはいかがなものか？「対策費は有限」であり、しかも、あと10年もすれば日本の人口は減り始めるため、防災対策費に回せる予算を今の水準で維持することすらできなくなるのだ。

サハリン北部地震 ―原野を引き裂く断層―

（1997.4.19）

阪神・淡路大震災の4ヶ月後に発生したサハリン北部地震の震源地を、地震後3週間目に訪れたところ、衝撃的な光景に出会った。

まず驚いたのは、サハリンの原野に出現した地震断層である。概ね南北に全長36㎞にわたって大地が裂けた。ヘリコプターから見ると、樹木の疎らな緑の大地にくっきりと地震断層が追跡される。断層沿いでは樹木がなぎ倒されている。

人工構造物のない原野を走る地震断層の変位量は、空からではわからないが、降り立ってみると、上下変位量はせいぜい人の背丈ほどで大したことはない。ところが水平方向にはその何倍も大きくずれていた（図3）。断層直上に生えていた樹木がそのことを証言している。哀れにもその木は、断層が6ｍも右横ずれしたために、股裂き状態になり引きちぎられていた。

サハリンの原野には、油田開発の際に残された大型探査機のわだちが縦横に残されている。テントを担いで、わだちが断層で切られているところを探し歩いた。苔むした湿地にしばしば足をとられ、道なき道をゆく。川を渡る橋もない。巨大熊の出現に脅え、蚊の大群に悩まされながらの強行軍。その末に観察された横ずれ変位量は最大8ｍに達した。まさに驚異的である。モンゴルで10ｍを越えたことがあるとされるものの、変位量8ｍは世界でも最大級だ。「死者2千人の大惨事」、原野を歩いているとその実感はない。しかし、目の前の断層がずれた時に、そのせいで多くの人命が失われたことは事実だった。油田開発のために30年前に建設されたネフチェゴルスクの街は、断層から約3㎞しか離れていなかった。

図3　サハリンの原野に走る地震断層

その街は実に無惨だった。すでに救助活動は打ち切られ、人影はない。無造作に積み上げられた空の柩は何を意味するのだろうか。特殊警察によって厳重に見張られ、特別な許可がないと入れない。ロシア科学アカデミーとの合同調査隊であったために、なんとか立ち入らせてもらえた。

決して頑丈とは言えない2階建てや平屋建ては無事なのに、5階建てのアパートだけが17棟すべて全壊した。これは、経済優先政策がとられていた時代に、あちこちに大量に建設されたものだそうで、建築材料や工法に耐震を考慮した様子はない。石炭の残灰を固めたコンクリートや貧弱な鉄筋が、残骸となって積み重なっている。サハリンが地震多発地帯であるにもかかわらず、耐震強度は低く抑えられていたという。下敷きになって亡くなった人の無念を痛感する（図4）。

図4　ネフチェゴルスクの建物倒壊

地震後1ヶ月にしてこの街はすでに廃虚だ。生き残った約千人の住民もすでに他の街へ移住させられた。街の中心には、整地されブルトーザのキャタピラーのあとが残る赤土の広場ができている。塀に書かれた「死んでないよ、○○」というペンキの文字がわずかに惨劇を伝えている。それにしても生存者よりも犠牲者の方が多いという大惨事、ひとつの街が歴史から消えてしまうという現実、どうやって受けとめたらいいのだろう。歴史の浅い街ゆえに消滅もやむなしとの判断かもしれない。しかし、ここで暮らした住民にとっての30年の歴史は決して軽くはないはずだ。街の消滅によって彼らは、最愛の家族だけでなく、友人、故郷、想い出、そして夢、人生のすべてを失ったといっても過言ではない。

帰路、アエロフロートの機内誌にこう記されていた。「1ヶ月以内にネフチェゴルスクは『埋め』られ、森林に還る！」と。

アジア各国の活断層 ―防災と経済―

(1997.5.10)

サハリンや日本のみならず、極東やアジアの多くの国は活断層をかかえている。アジアの最西端のトルコからイラン～インド～インドネシア、また東アジアでは日本、中国、モンゴル、そして東南アジアのフィリピンと、いずれも国内に活断層が分布し、地震国となっている。韓国にも活断層がある。

その韓国では、活断層の存在はほとんど知られていない。それもそのはずで、１９９２年と

94年に日韓合同調査隊が、韓国南東部において初めてその存在を確認したばかりである。17世紀頃まで、韓国では何度も地震が起きていたことが記録されている。古い歴史をもつ慶州は、かつて大地震に見舞われたという記録がある。調査隊が確認した活断層はこの街に近いことから、関連性が検討された。ところが不思議なことに、韓国では現在ほとんど地震が起きていない。そのため、地震対策の必要性を強く再認識するきっかけに乏しい。

トルコでは、国内を北アナトリア断層というプレート境界でもある大断層が通っている。この断層沿いではこれまでに幾度となく地震が繰り返され、今世紀も1939年以降、マグニチュード7~8の地震が、震源を次第に西に移しながら7つ続発している。イスタンブール寄りの部分にいまだに地震が起きていない空白域があるという理由で、日本・トルコ合同の調査が1970年代から始まっている。

この断層に沿って、1944年にマグニチュード7・6の地震が起きたあたりを調べてみると、柳の並木や水路および河川が右横ずれしていた。丹念にずれの量をはかると、4m程度のものがもっとも多く、他には8m、12m、……という具合であった。どうも4の倍数になっているらしい。これはおそらく一回の地震の際にずれた量が4mで、古くからある水路や河川などは複数回地震を経験しているのに違いない。何か、できた時代のわかる目印はないか?

絶好の指標が見つかった。それは古代の橋の遺跡で、ちょうど断層を跨いで建設されていたため、2番目と3番目の橋脚の間が25m（おそらく地震6回分）も横にくい違っていた。橋脚のしっくいの中には、それをつくる際に燃やした炭のかけらが入っていて、年代測定の結果、1500年前のものとわかった。このことから、この断層の活動周期は250〜300年程度と推定された。さすがにプレート境界断層だけあって、日本の活断層よりずいぶん活動的なようだ。

図5　イスタンブール市街地

こんな断層をかかえているため、歴史をさかのぼると17世紀には大地震があった。16世紀には、イスタンブール（当時はコンスタンチノープル）も激震に見舞われている（図5）。しかし現在、人々の暮らしぶりに地震に対する備えはあまり感じられない。湿潤な沿岸地帯では木材を筋交いにして土壁の家を造るが、乾燥した内陸部では日干し煉瓦をただ積み上げている。近年は建築様式が変わったが、鉄骨を入れることなくブロックを積み重ねて高層ビルをつくってしまう。壁も驚くほど薄い。これでは地震が来たらひとたまりもない。数百年の再来周期は人間には長すぎて、教訓として残らないようだ。空白域を含め、地震が当分起きないことを、トルコの友人の顔を思い浮かべながら祈るのみである。（……その後、1999年にこの空白域を震源とするイズミット・コジャエリ地震M7・6が起き、1万7千人を超える死者が出てしまった。）

中国も、意外に思われるかもしれないが地震国である。20世紀だけでもマグニチュード7・8以上の地震が10件程度起きている。いずれも内陸の直下地震であったため被害は甚大で、犠牲者の数は1920年の海原地震で23万、1976年の唐山地震では24万にのぼった。1556年の華県地震では82万人以上の死者が出たという記録もある。想像を絶する被害の大きさだ。このように中国の内陸で地震が多いのは、インド亜大陸から伝わるヒマラヤ・チベット山塊を隆起させた力が、中国内陸部にも作用し、活断層を変位させるからだと考えられている。

北京の西方、石炭の街、大同の周辺は活断層の集中する地帯である。そこへ行ってみると、戦前の日本を思わせる農村風景が広がっている。盆地の中心にある大同市内は賑わっているものの、活断層に近い山際の村は貧しい。川には橋もない。原始的な農機具を用い、牛に畑を耕させたり麦を挽かせたりしている。日干し煉瓦の家の軒先には、ヒエやキビが吊されている。

生活ぶりと家屋のつくりからみて、稀にやってくる地震に備える余裕はおそらくないに違いない。それでも夕暮れ時になると、家々の薄暗い室内にテレビが光り始める。おそらく阪神・淡路大震災の惨状を彼らは見ているに違いない。大同付近では最近も地震があったことから、自分たちの住む土地が地震と無縁でないことを知っている。一体どんな気持ちで、テレビの光景を眺めているのだろうか。

こうした海外の事例をみると、活断層の対策に関する手本はないようだ。稀にしか襲ってこない自然災害に備えるということは、経済的に余裕があって初めて可能になることなのだろう。その意味では今の日本はそのいい機会なのだが……。

（1997.5.17）

神戸の坂と活断層 ―地形の『異常』―

三宮から異人館街へ上る北野坂、洒落たブティックやエスニック料理店の並ぶハンター坂など、神戸の街には個性あふれる坂道が多い。神戸港から眺めると、すぐそこに六甲山地が屏風のようにそびえ、その手前のなだらかな斜面に神戸の街は位置している。六甲から流れ下る清涼な水と爽やかな風、そして立体感あふれるダイナミックな地形はこの街の大きな魅力だ。

　メリケン波止場から山の方へ歩いていくと、商船会社の石造りのビルや倉庫群が見える下町からハイカラな山の手へと街並みは急に変わる（図６）。その境界は比較的急な坂になっていて、登り切ると兵庫県庁付近でいったん平らになり、さらに進むと山へ向かって再び急になっていく。このあたりの斜面はかつて、六甲山地から流れ下った川がつくった扇状地であることを考えると、これはおかしい。本来は、山から海へ向かって、斜面の傾斜は徐々に緩くなるはずである。

　このような神戸の元町付近の地形が「異常」であり、それが活断層の仕業だということに、地震以前には誰も気づいていなかった。活断層は、六甲山地の急斜面の付け根の新神戸駅付近にあると信じて疑わなかった。そのため、阪神・淡路大震災の際の「震災の帯」が、そこから１㎞も海側に離れたところになぜできたのかと首を傾げた。しかし事実は違っていた。実際には、下町と山の手の間の急な坂の下にも活断層（三宮撓曲）があって、そこが「震災の帯」の中心となっていたのだ。

　地形の「異常」にわれわれが気づいたのは、地震の数ヶ月後だった。従来とは格段に詳細な空中写真を観察したために新たに見つかったものだが、発見当初は目を疑った。しかしその直後、この付近の地下探査結果が兵庫県により発表され、そこに記された明瞭な活断層を目の当たりにすることになった。

図６　国土地理院の活断層図「神戸」に加筆（三宮撓曲とその延長の推定活断層は地震後に発見された）

地形は決して気まぐれではなく、自然の法則に従ってつくられる。そのため、その場所の地形がどのようにしてできてきたかを論理的に紐解くことが可能で、その過程で、どのような自然災害が繰り返されてきたかを推定することもできる。活断層の動きもそのひとつだ。

ところで、「異常な急斜面」は元町付近では比高20m近いが、その延長部では急激に小さくなり、よくわからなくなる。それは、延長部の地形が極めて新しいことによる。すなわち、元町付近の地形はおよそ10

万年前にできた古いもののため、その後、何度も断層運動によって持ち上げられたのに対し、その延長部（図6の推定活断層付近）は数千年前にできた新しい地形のために、いまだ十分に隆起していないのだ。

詳細な現地測量を繰り返した結果、異常な地形は神戸市元町から西宮市までのほぼ全域にわたって、震災の帯の中に存在していることがわかり、活断層が連続している可能性が高いことがわかった。問題は、こうした活断層が今回動いたか否かである。明瞭な動きがなかったことは周知であるが、撓曲のような緩やかな地表変形が生じなかったと確かめられているわけではない。震度7の揺れが起きたことに、震災の帯の下の断層が影響したかどうか？この問題は今後の他地域の被害予測にとっても大変重要なテーマである。しかしながら未解明のままである。（震災の帯に関する議論は第6章で詳述する）

われわれが測量して歩いたところは、まさに震災の帯のど真ん中。周りでは復旧活動が続けられていた。地震防災のための調査と言えば聞こえはいいが、後追い調査では神戸の住民のためにはならない。ここで今回と同じような地震が、近い将来にまた繰り返すとは考えにくいからだ。震災の帯の原因究明は、おもに他地域の防災のためである。そのことは神戸や淡路の人々も承知の上で、われわれの調査を受け容れてくれた。その寛容さに頭が下がる。

活断層と暮らす ―危険地帯を避ける計画的開発―

（1997.5.24）

「活断層と暮らす」……抜本的な対策が困難である以上、活断層とうまくつきあって、被害を最小限にとどめたい。やれるだけのことをして、納得して平穏に暮らしたい。活断層との暮らし方について、今のところ明快な答えはない。暮らし方は個人の価値観次第だからかもしれない。

対策を考える上では、まずは「敵」を知ることだ。活断層の位置は多くの機関がすでに公表している。万が一の地震時にどのような被害が予想されるかを公表している自治体もある。阪神・淡路大震災の前とは比べものにならないほど情報が充実してきた。

そのような情報によって危険性が高いと考えられた場合には、自分や家族の生命を守るために今すぐ何ができるかを考えるべきだ。さらには、10年間でやれること、50年間でやれることといった長期戦略を考えることも必要だろう。めったに起きない災害であるため、活断層上からの強制立ち退きや、耐震構造の義務化といった話には今後も至ることはないと思われるが、だからといって何もしなくてよいと誤解してはいけない。判断が個人に委ねられているということの重みを忘れてはいけない。

このように、あくまで自主防災が重視されるべきであるが、かと言って対策を全面的に個人任せにしてよいわけでもない。個人がやれることには当然限度があり、社会としてなすべきことについても十分考える必要がある。

「活断層の上につくってはいけないものは何か？」については、一度しっかりと議論する必要がある。もし破壊すると致命的なもの、例えば原発やダムは、従来から建設が禁じられていた。放射性廃棄物処理場や、危険物を対象とする産業廃棄物処理場も当然これに準じる。病院・学校・各種福祉施設についても規制すべきであると主張する人は多い。「不特定多数の人が、否応なしに集められる施設である」というのがその理由だとすれば、空港や駅、各種レジャー施設やショッピングセンターについてはどうだろうか？

活断層の真上を開発する場合、最近では自主的に調査されることが多くなった。その結果については公開されて初めて役に立つ。活断層の詳細な位置、今後の地震発生の可能性、地震の際の震動予測、構造物の耐震性能等の具体的な情報を一般に公表してほしい。

活断層と如何に暮らすかは、我々の子孫の代においても懸案事項として残るかもしれない。活断層上の無秩序な開発は禍根を残すことになるし、対策として今できることは始めておくべきである。かつて、災害は郷土の伝承として伝えられ、住んではいけない場所が教えられ、災害の再発を未然に防いだ。その意味でも、活断層の位置情報をはじめこれまでにわかっていることを、地域のコミュニティのレベルで情報交換しておく必要があろう。

また、科学的には十分解明されていないものの、過去の直下地震のうち約半数で、発光現象や地鳴り、小規模地震や地下水異常など何らかの前兆があったという。１８９４年の山形県庄内地震や１９４５年の三河地震の前にも、地元の人々の間には天変地異の予感があった。１９７６年の中国の唐山地震の直前には、発光現象を見て、とっさの判断で列車を止め、乗客１３００人の命を救った運転手がいた。こうした事実は、活断層とそれに関わる地震の存在を日頃から意識しておくことが防災上如何に大切かを物語っている。

活断層は地球の鼓動。もしこれに対処しようとするならば、われわれもじっくり腰を据えて、その動向を見守っていく覚悟が必要だ。活断層防災は百年かけて成し遂げるべき大作なのかもしれない。スペインの建築家ガウディーのように。

第3章

2000年代の地震から学ぶ

「寝耳に水」の悲劇を繰り返さないために ―2004年新潟県中越地震―

（「地理」 2005年6月）

2004年10月23日に、新潟県中越地震M6・8が起きた。山間部においては風景が一変するほどの大規模な地すべりが発生した。震源の深さ13㎞の活断層地震であり、最大震度7が観測された。建物倒壊などによる直接死は16人で、その他にも避難中のストレスやエコノミークラス症候群などによって52人が亡くなった。また2004年12月26日には、インドネシア西部のスマトラ島北西沖のインド洋でM9・1のスマトラ沖地震が起きた。大津波が発生したことにより、死者・行方不明者は合計で22万人を超えた。

こうした大災害に遭遇して、阪神・淡路大震災のときと同じような心の痛みが走った。一般市民には「こんなところで災害が？」という「寝耳に水！」の大災害。しかし、地理学関係者にとっては、（具体的に予測していたかどうかは別として）、「起こるべくして起きた大災害」ではなかっただろうか？

およそ10年前、「要注意断層」と目された活断層が地震を起こし、真上に位置する神戸や淡路島の街が壊滅的な被害を受けて日本中が呆然となった、あのときとまったく同じである。地理学者・教育者・行政・マスコミがこの点を重く受け止めなければ、「寝耳に水」の不条理はこれからも繰り返されてしまう。

新潟県中越地震についていえば、3年前（2001年）に国土地理院から中越地方の「都市圏活断層図」が刊行され、長さ50㎞を超える大規模な活断層の存在が示された。いずれは大地震が起きるべき「地震空白域」とまでいわれていたのに、その危険性は住民に周知されなかった。ともすれば「地震は他人事」と思っていたため、心理的にも物理的にも十分な備えはなく、「寝耳に水」であったがために大きな驚きと悲しみと不安に遭遇した。地元の人は地すべり地帯という脆弱性については日頃から意識して暮らしていたため、「やっぱり」という諦めの感覚も多少あるかもしれないが、一般国民はそこで育てられたコシヒカリや錦鯉は知っていても、中越地方が地すべり地帯であることをほとんど知らなかったし、行政の側もその脆弱性を織り込んだ地震防災対策をほとんど持っていなかった。

スマトラ島からアンダマン諸島にかけては「アルプス―ヒマラヤ変動帯」の一部にあたり、沖合にはサブダクションゾーン（海溝）が横たわる。ここで巨大地震が発生すれば大津波が起きる。歴史的にも津波は繰り返されてきた。ある地震学者は、「プレートの収束速度がアンダマン付近では大きくないため、これほどまでの巨大地震は予測できなかった」といって反省の弁を述べているが、防災教育のあり方に再考が求められる。強烈な引き潮は津波以外の何ものでもないのに、日本人観光客が率先して避難したという話は聞かれなかった。災害多発国日本として、最も重要な国際貢献ができていない。こんなことで、来るべき宮城県沖地震や東南海・南海地震（南海トラフ地震）に対応できるだろうか？

地域の災害脆弱性を総合的に評価し、わかりやすく伝え、対策のあり方を考えさせる防災地理教育が、今こそ強く求められている。人口構成も社会・財政構造も今後大きく変化し、従来の「力づく」の防災戦略では通用しないことは明らかである。お上がトップダウンで防災に責任が持てる時代も終わっている。

地震が起きた場合の被害想定が近年全国各地で行われているが、それらは往々にして、地域性を無視した一般式からの算定である。震源から発生する地震動をモデル化して、距離減衰と地盤効果を考慮して震度を予測し、住宅戸数と耐震化率などから死者数を求めたり、ときには地盤災害の危険度を見積もることもある。津波シミュレーションから津波被災者を計算することもある。しかし、重要なことは、「どの場所の、どの家が危険か」を特定することであるはずだし、「どの道路がどこで崩れて使えなくなるか、ならないか」を具体的に（数値的にではなく、地理的に）予測することではなかろうか？ もちろんこうした予測は容易ではなく、不確実性も高いため行政の仕事には馴染みにくい。住民レベルで災害時になにが起こるか知っておこうとすることが重要であり、地理学者はその動機づけをしたり、具体的な考える材料を提示したりするような貢献をすべきであると思う。

学校教育における防災教育の充実も不可欠であるが、今のところ体系化されていない。地域性を無視した単なるマニュアル指導に陥らないように注視する必要がある。ハザードマップから災害そのもののダイナミックなイメージを読み取る方法を教え、マップが単なる避難路マップではないことを徹底することが重要ではないだろうか。

十分な郷土理解なくして、地域の脆弱性が正しくわかるはずがない。被害軽減のために防災地理学を推進したいものである。

（「中日新聞」2005.8.23）

2005年宮城県沖地震にみる地震危険度

2005年8月16日に宮城県沖を震源とするM7・2の地震が発生した。最大震度は宮城県川崎町の震度6弱。40㎝の津波が観測され、死者は出なかったが約100人が負傷した。

宮城県沖ではこれまで数百年間にわたり、26年から42年（平均37年）の間隔でM7・5クラスの地震が起こってきた。前回1978年の宮城県沖地震からすでに27年経過しているため、そろそろ次の大地震が発生するのではないかと懸念され、国は今後30年間の地震発生を99％として発表し注意を呼びかけていた。2005年宮城県沖の地震はまさにその地域で起き、地震のタイプも想定した通りの「プレート境界型」であった。今回の地震は想定されている宮城県沖地震と考えてよいのだろうか？

もしそうであれば、さらなる大地震が発生する危険性はなく、やれやれということになる。想定された地震でないとすれば、大地震が発生する危険性は依然として残り、今回の地震が引き金になって大地震の切迫度が高まる可能性も考慮する必要がある。想定された地震であったか否かは、今後の地震危険度を左右する。

地震調査委員会は地震の翌日、規模がやや小さかったことを理由に、「想定されていた宮城県沖地震ではない」と結論し、今後も警戒を緩めるべきでないとした。しかしその判断は容易ではない。今後30年間で99％とした時点では、地震の切迫性にほとんど疑いの余地がなかったが、今回の地震発生を受けて、今後の危険性をどう判断するかが難しい状態になった。この問題は、東海地震・東南海地震を迎え撃たなくてはならない東海地方においても、将来生じる可能性がある。

今回の地震から学ぶべきことは、「今後30年間の地震発生確率」は、切迫した危険性として重く受け止めるべきであるということだ。仮に今回の地震が「想定された地震そのもの」でなかったとしても、何らかの関係があり、地震発生確率99％と推定していた地域であるからこそ起きた地震だととらえられる。

東海地震、東南海地震の発生は、今後30年間にそれぞれ84％、60％である（２００５年時点）。また、こうした地震の影響で今後30年以内に震度６弱以上に見舞われる確率は、豊橋・浜松で約90％、名古屋で40〜60％、津・四日市で50〜60％とされている（同）。東京都新宿区10％、大阪市20％、京都市６％に比べても遙かに高い。地震に対する備えをしないというのは、東海地方に住む限りありえない。

防災情報の見直し必要 ―2008年岩手・宮城内陸地震―

（「共同通信」識者評論　2008.6.15）

２００８年６月14日、岩手県内陸南部でＭ７・２の活断層地震が発生した。震源の深さは７・８㎞、宮城県栗原市で最大震度６強が観測され、岩手県奥州市と宮城県栗原市付近に被害が集中した。死者13人、行方不明者10人、負傷者は４００人を超えた。

この岩手・宮城内陸地震は、北上低地西縁断層帯と呼ばれる活断層の一部もしくはその延長部が起こした可能性がある。北上低地西縁断層帯は、国の地震調査研究推進本部が指定した主要活断層のうちの一つである。これまでに公表されていた地震の長期予測によれば、「この断層帯ではＭ７・８の地震が起こり、その確率は今後30年間にほぼゼロ」とされてきた。なぜ、地震発生確率がほぼゼロなのに地震が起きたのか？（図７）

その理由は２つある。第一の理由は、地震発生を約１万年に一度と見積もっていることにある。それほど頻度の低い稀な地震が、今後30年以内に起こるかどうかを予測することは困難を極め、現状の予測技術では原理的に１％以上の数字では言えない。このため確率の数字は「ゼロ」に近くなってしまう。

第二の理由は、北上低地西縁断層帯の全域約60㎞が同時に活動するほどの大地震だけしか予測していなかったためであり、その結果、今回の地震の10倍近いエネルギーを持つM7・8の地震が1万年に一度しか起きないという推定につながった。「それよりもやや小規模な地震ならもっと頻繁に起こっても不思議はない」という議論があり、そうした確率を計算することの重要性も指摘されていたが、間に合わなかった。

図7　岩手・宮城内陸地震の地震断層により半分干上がった水田（岩手県一関市厳美町はの木立）

もしも、「ほぼゼロ」という情報が地震防災に水を差していたとしたら、私も長期予測の作業に関わった者のひとりとして責任を感じる。国の評価も早急に改めなければならない。この活断層に限らず、一般に活断層が起こす地震の発生確率は小さな数字になるため、「危険ではない」と誤解されやすく、注意しなくてはいけない。

ところで、日本は世界でも有数の地震国であり、

「地震は日本中どこでも起きる」として、日本列島に住むすべての人に地震への備えが求められている。しかし大地震は、「起こるべき場所に起こる」ということを重く受け止めることも大切である。

震度6強や震度7になり得る場所はどこか？　活断層沿いはまさにこれに当たることが多い。活断層の直上ではどんなに強固な建造物も倒壊を免れることはできないし、活断層に近い山間部では大規模な山崩れが起きる。

活断層が大地震を起こしたら、どんな災害が起こるか？　最近は多くの自治体がその検討結果を公表している。こうした資料を参考に、被害を軽減する工夫を住民も一緒に考えることが大切だ。学校や病院等の公共建築物が活断層の上にないかどうか確認することや、地震に弱い地盤の場所を知ることも重要である。

また、活断層沿いでは小規模な地震も他の地域より多く、そもそも地震が起きやすい。このことを忘れず、活断層が近くにあるにも関わらず、家具固定や家屋の耐震化を怠るなどということがあってはならない。

歴史を紐解くと、活断層は約10年に一度程度、日本のどこかで50人以上が亡くなるほどの大地震を起こしている。こうした大地震は予め予測された場所に起き、今回の地震も例外ではない。まずは活断層がどこを通っているかについて、具体的に確認したい。「活断層は滅多に地震なんか起こさないから…」と、油断していては何も始まらない。

災害ハザードマップを活かす
(Re: Building Maintainance & Management 2005年7月)

(1) なぜ今ハザードマップか?―阪神・淡路大震災以後の変化―

文部科学省・内閣府・国土交通省等の中央省庁や多くの地方自治体によって、ハザードマップが急速に整備されつつある。法的な義務化も手伝ってその速度は急で、一般国民や地方自治体の中には戸惑いも大きい。なぜ今、ハザードマップの整備が急速に行われているかを考え、ハザードマップのあり方を確認する必要がある。

「ハザードマップ」は、国立国語研究所によって「災害予測地図または防災地図」と翻訳されている。水害や火山噴火に対して、地点ごとの危険性の大小を表現する地図は数十年前から作成されてきたが、防災目的で行政が本腰を入れて整備を進めるようになったのは最近のことである。なぜ今、ハザードマップなのか？

その理由は、阪神・淡路大震災を思い起こせばよく理解できる。一瞬の強震動によって6千以上の人命が奪われた兵庫県南部地震は、都市直下の活断層がおよそ千年に一度の活動を起こすことによってもたらされた。こうした「低頻度巨大災害」に対しては、全国一律の耐震性強化によって備えることには限界があり、住民が自ら最低限守るべきものを考え、自主的な備えを促す必要がある。「安全神話の崩壊」と表現されたように、行政が「絶対の安全」を国民に保証することは「原理的に不可能」であることが露呈し、現存する危険性を情報公開しないことも許されなくなった。医療におけるインフォームドコンセントと同じように、国民の知る権利が一層重視されるようになったことも背景にある。

もし、行政における「情報公開」の事情が優先してハザードマップの整備が進むとすれば、防災の目的が達せられるかどうか不安である。しかし今日、「自然との共生」や「自然の中で生かされている人間」という素朴な概念が重視される中で、高度成長期以後の自然環境を無視した無秩序な都市開発を今一度見直そうという動きもある。日本の人口も今後は減少する時代に入り、持続可能性（sustainability）を念頭に置いて、新たな都市構造・国土構造を模索する必要性が高まっている。その際に、災害への備えのあり方を本音で議論する土台となるならば、ハザードマップには大いに期待が持てる。この流れにおいて、かつてよく聞かれた「地価が下がるからハザード情報を公開すべきでない」という意見はまったく的を射ないものとなる。

（2）災害ごとのハザードマップ―現状と課題―

国立国語研究所は「ハザードマップ」を、「防災を目的に、災害に遭う地域を予測し表示した地図」と解説する。住民に対して災害危険性を伝え、自ら「備える」ことを考えてもらうための地図、ということになる。

そもそも「ハザード」とは、「人的あるいは物的損失を引き起こす事故の潜在力（potential）とか「事故（天変地異）の脅威」と辞書では訳される。一方、「リスク」は、「社会に対する危険」であり、損失の大きさを意識している。誰も住まない場所にもハザードはあるが、リスクはない。「災害危険度」にはハザードとリスクの2種類の概念が混在しがちであるが、対象地域が都市か田舎かに関わらず、客観的にハザードを評価することが第1段階として必要であり、リスク評価と対策の検討は第2段階である。さらに第3段階として、住民にとって必要な防災指針が示されるべきである。「ハザードマップ」という用語をどの段階のものに使うべきかについては議論のあるところであるが、それぞれの違いを意識して総合的に重視されるべきであり、

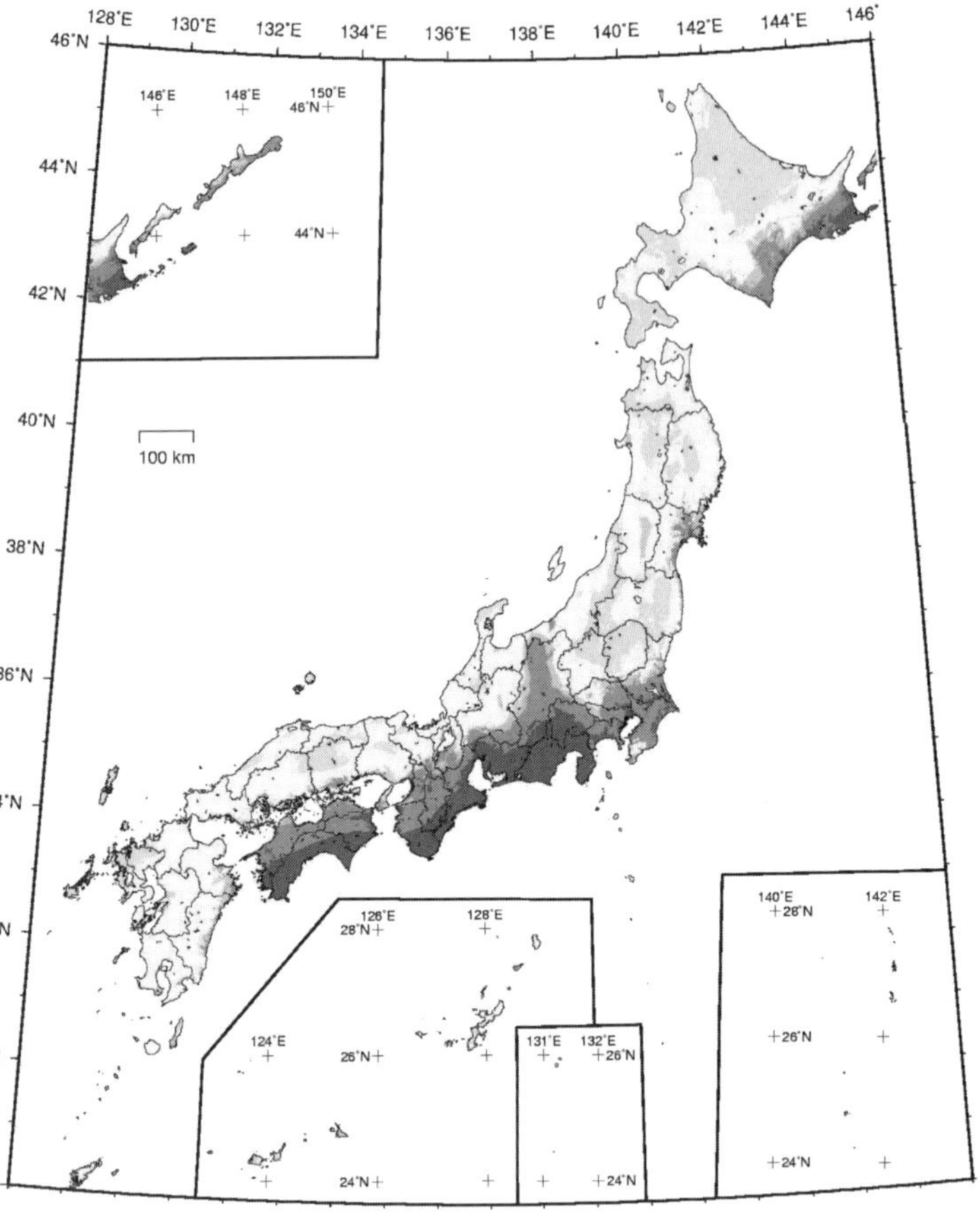

図８　全国を概観した地震動予測地図2005年版（今後30年以内に震度６弱以上の揺れに見舞われる確率。地震調査研究推進本部）

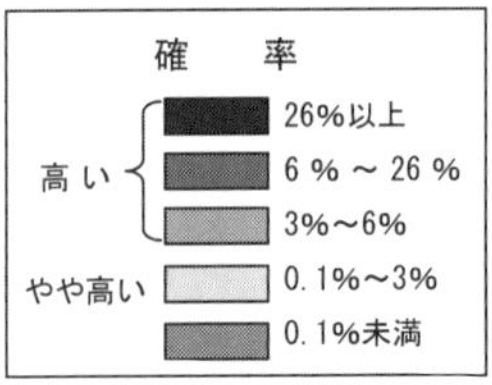

本稿では広義に用いることにする。一般に普及しているハザードマップは主に第1段階と第3段階であり、第2段階の図は被害想定とも呼ばれ、行政資料となることが多い。

地震については、どこでどのような地震動が起きるかを示す、いわば第1段階（ハザード情報）の整備が進んでいる。２００５年3月に地震調査研究推進本部地震調査委員会は、「全国を概観した地震動予測地図」を作成し公開した（図8）。これは、阪神・淡路大震災以降の地震調査研究の集大成として、日本列島全体で海溝型地震や直下型地震などさまざまな場所に震源を持つ地震の起こり方をすべて想定し、それらの総合的な影響で、地点ごとがどの程度揺れやすいかを示したものである。平たく言えば、地震動に遭いやすい地域と、遭いにくい地域を示したものであり、住民がどの程度の耐震化をしなくてはならないかの判断材料を提供する他、今後の都市計画・国土計画を議論する際の土台にすべき地図となっている。この図に基づいて、今後、リスクを評価した第2段階の地図や、防災行動を具体的に啓発する第3段階の地図の作成が、それぞれの目的に応じて行われることになる。

また地方自治体においては、横浜市や名古屋市で、住民の居住地の地震動が具体的にわかるように50ｍメッシュの細かさで表現した図の作成が進み、インターネットで公開されるようになっている（図9）。こうした動きは、今後別の自治体にも急速に進むものと考えられる。

図9　名古屋市が住民に配布した「地震マップ」（50m メッシュで地震動と液状化の程度を示す）

水害については、第1段階の図は浸水予測図と呼ばれ、堤防が破堤することをシミュレートし、地点ごとに浸水深を予測している。この地図をベースに、市町村が避難路や避難場所等の防災情報を書き込み、洪水ハザードマップにしている（図10）。2000年の東海豪雨の反省を踏まえ、2001年には水防法が改正され、全国222の洪水予報河川の流域市町村には避難に関する情報提供が義務づけられ、ハザードマップの作成が推奨された。また、2005年の水防法改正においては、中小河川もこの対象とされ、浸水想定区域の設定を都道府県に、ハザードマップの作成を市町村にそれぞれ義務づけた。期限は2010年3月末までとされ、対象河川数は約2200に拡大された。そもそも水害は、堤防機能の強化により防ぐことができる性格のものである。こ

図10　新宿区の洪水ハザードマップ

のため洪水ハザードマップの整備は、治水計画の方向転換を暗示したものでもある。

土砂災害についても、１９９９年の広島豪雨災害を受け、「土砂災害から国民の生命を守るため、土砂災害のおそれがある区域についての危険の周知、警戒避難体制の整備、住宅などの新規立地の抑制、既存住宅の移転促進などのソフト対策を推進する」ため、２００１年に土砂災害防止法が施行されている。この中で、都道府県知事に土砂災害警戒地域と土砂災害特別警戒地域を設定することが義務づけられており、地域指定のためのハザードマップの作成が必要となっている。

火山噴火については、１９８０年代前半から火山ごとにハザードマップ作成が進められてきた。過去の噴火史に関する火山学・火山地質学の知見に基づいて、次の噴火災害を予測し、地図化している。多様な噴火形態が予測されることから、一般用・行政用・学術研究用が区別されたり、噴火が始まってからの経時的変化に対応したリアルタイムハザードマップの開発も検討されている。２０００年頃から富士山の低周波地震が問題となり、内閣府中央防災会議による富士山噴火ハザードマップ作成も進められ、社会的関心事となった。

津波に関しても、２００２年の東海地震の地震防災対策強化地域の見直しや、東南海・南海地震の地震防災対策推進地域の制定等を契機に、発生が懸念される海溝型巨大地震を想定した津波浸水予測が急速に進められた。内閣府・国交省・農水省は２００４年に、津波・高潮ハザードマップマニュアルを作成して関係地方自治体へ指導を行った。しかしながら、２００３年十勝沖地震や２００４年紀伊半島南東沖の地震の際の事例を見る限り、住民の避難行動は不十分であり、２００４年スマトラ沖地震の巨大津波被害を目の当たりにして、ハザードマップの整備と啓発活動の一層の強化が急務であることが再認識された。

このように、災害の種別ごとに対策の有り様が異なるため、ハザードマップの内容も違っているが、共通して今後の防災の行方を担っている。

（3）ハザードマップは「伝家の宝刀」

ハザードマップが急速に作成・公開されることには懸念もある。住民にとってハザードマップは健康診断結果のようなもので、誰しも気になるものであり、とりあえず一度は興味の対象になる。しかし頻繁に情報が出過ぎると途端に興味を失う。おそらくその背景には「危険だと言われてもどうしてよいかわからない」という気持ちがある。治療（防災行動）に結びつかない診断結果（ハザード情報の提示）では意味がない。

日本では伝統的に、頻繁に洪水の被害に遭う沖積低地（後背湿地）には町をつくらなかった。しかし戦後、治水事業の整備によって、こうした低地へも都市が進出できるようになり、都市域の拡大や日本の経済成長が実現した。その恩恵は大きかったが、一方で災害危険性に無頓着な、無秩序な都市開発が進んでしまったことも事実である。今後は日本の人口も減少・高齢化し、コンパクトシティ化が進む。その際、今一度、災害に対する脆弱性を真摯に受け止め、都市再開発計画に反映させることは合理的である。ハザードマップはそのためにも重要なものである。

このように、ハザードマップが担うべき役割は大きく、まさに「伝家の宝刀」と言えよう。地価への過剰な影響等の問題もあり、抜き方には細心の注意が必要である。また、「ハザードマップ＝避難路マップ」と矮小化し、一過性のものにされては困る。まして行政が責任逃れをするための情報公開ツールではない。

防災の基本はイメージトレーニングであり、ハザードマップは、災害が自分の住む町において具体的にどのように起きるかをイメージするための教材である。水害であれば、洪水の瞬間に「どの方向からどんな勢いの濁流が襲うのか？」、地震であれば、「身近にどのような大地震が起こり得て、自分の町ではどの程度の被害を伴う揺れが起こりそうか？」を理解することがまず重要であり、その後、「自分自身のため、家族のため、近隣住民のために、どこで何をしたらよいか？」を考える。

スマトラ沖地震で、強烈な引き潮を見た日本人観光客が、津波を予見することなく避難できなかったことが問題になった。考えてみれば、世界を代表する自然災害国にありながら、学校教育において防災教育がまったく体系化されていないことは奇妙でさえある。教育体系が明治時代に欧米から輸入され、そのままにされたためだろうか？　今こそ、整備が進むハザードマップを教材に、ダイナミックな身近な災害についてイメージトレーニングすることから、防災教育を構築するべきである。

現在のハザードマップは、残念ながら、災害の動的なイメージを感じさせるものではない。

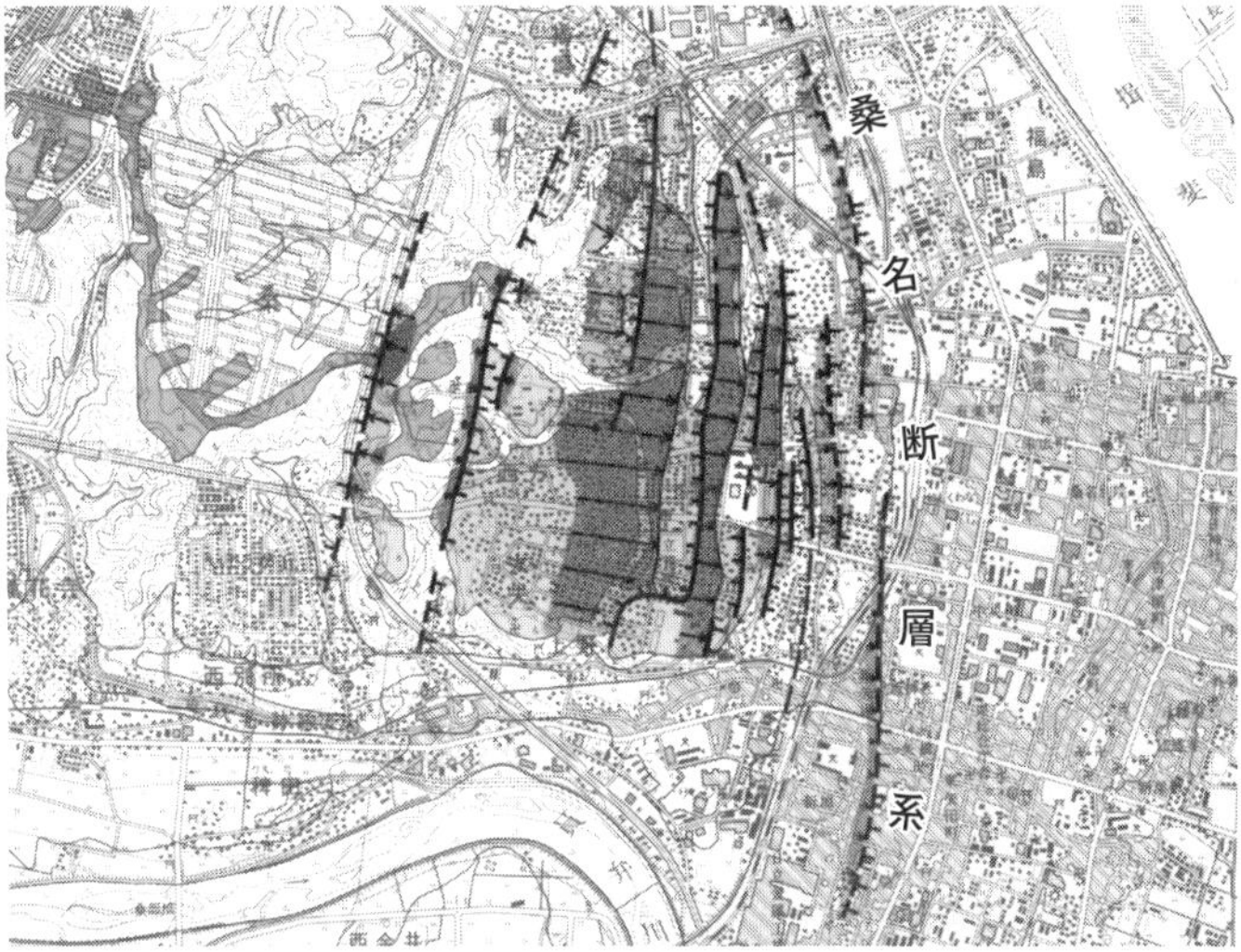

図11　国土地理院の都市圏活断層図（桑名）1997年

それを補うのは国土地理院が「ハザードマップ基礎情報」として分類する各種の地図である。１９９６年から刊行された「都市圏活断層図」（図11）。噴火活動史を読み取れる「火山土地条件図」。洪水の繰り返しによって地形が形成されたことを読み取るための「土地条件図」。１９５９年伊勢湾台風の高潮被害域を見事に予測したことで注目された「水害地形分類図」等々、防災地理情報の有効活用が重要である。

(4) ハザードマップを活かすために

ハザードマップが多くの地域コミュニティにおいて自作されることも増えている。一般には「防災マップ」と呼ばれ、町内の危険箇所や災害時の避難場所・避難経路の他、災害用井戸等の便利情報も住民の手によって書き込まれる。地方自治体やNPOが防災地図作成の手助けをする場合も多く、地域コミュニティの活性化にも貢献している（例えば横浜市の〝わいわい防災マップ〟）。こうした際に、行政から提供されている洪水ハザードマップや地震マップ、津波ハザードマップ等が下地になる場合もあり、地域防災力を向上させるために役立っている。

自分たちに切迫した危険を意識して、どうやって身を守るかについて真剣に考えようとすると、災害そのものについてより詳細な情報が必要になる。予測の「確からしさ」や災害の動的イメージを行政に問い合わせる必要も出てくる。行政はそれを受け止めて、専門家と住民をつなぐ。これがまさに生涯教育における防災教育そのものになる。

住民が作るハザードマップは、コミュニティの中で災害イメージを共有し、災害時の約束事を取り決める下図である。こうした過程で助け合いが生まれ、理想的な「まちづくり」をイメージする。例えば、災害時要援護者の居場所を書くなどということは、行政にはできないが、お互いの深い信頼関係の中で、コミュニティだけのプライバシー情報として共有されることもある。

住民がまさに我がこととして防災を考えたとき、究極に見えてくるのは災害に備えた暮らし方や生き方であろう。「危険性の高い場所からの撤退」もひとつの選択肢であり、住民サイドから自然な発想としてわきあがってくればソフトランディングできる。ハザードマップは低頻度巨大災害対策の「切り札」と言えよう。

学校耐震と活断層

（「科学」2009年2月）

1999年台湾中部地震や2008年四川地震において、学校の校舎が倒壊する衝撃的な光景を目の当たりにした。活断層の真上の建物は基礎地盤の破壊による倒壊を免れない。我が国では約200校が活断層直上に位置しているという予察的報告もある。政府は問題解決に向けたガイドラインを示していないが、そのような中でも少しずつ始まりつつある地域主導の取り組みを紹介する。

活断層の直上に学校があってよいか

活断層による被害はふたつある。一つは地震動によるものであり、もう一つは断層のずれによる基礎地盤の破壊に伴うものである。前者は耐震構造化、後者は建物配置の見直しにより、それぞれ被害軽減を図ることが可能であり、対策のあり方は区別して論じられる必要がある。ここでは検討が遅れている地盤のずれによる被害対策について取り上げる。

断層のずれによる被害は断層直上に限られ、断層の詳細な位置情報が求められる。昨今の活断層研究はその期待に十分応えられる調査技術を有している。地層掘削等を行うことにより、断層通過地点の特定は一部の条件の悪い地域を除けば十分可能である。その前提の上で、対策の必要性を議論することが必要である。

活断層直上対策の必要性は、建物の重要度に応じて考慮されるべきであると一般に考えられている。この場合の重要度を計る指標として「万が一の場合の生命の危険性」が挙げられ、その意味で学校の校舎は最重要建物のひとつに数えられる。

1999年台湾地震の際には活断層の真上に位置していた校舎だけが選択的に潰れた（図12）。地震発生時刻が深夜であったため、人命は失われずに済んだが、平日の昼間であったら大災害を免れなかった。2008年の四川地震においても耐震性の乏しい校舎が倒壊し、貴重な命が失われた。その原因の多くは耐震性の低さにあったが、活断層の真上で大きな被害を受けたものもあった。

海外においては、アメリカ合衆国やニュージーランドや台湾において、活断層直上の土地利用規制がすでに実施されている（中田 1990、太田 1999、照本・中林 2007 など）。活断層直上の既存の学校校舎が必ずしも撤去されることはないが、情報公開が徹底されている（中田 1992）。

図 12　1999 年台湾中部（集集）地震において活断層直上で倒壊した校舎

一方、日本国内においては１９９５年の阪神・淡路大震災以降、活断層直上問題に注目が集まり、横須賀市や西宮市において土地利用規制の条例が制定された（増田・村山 2001）。また、関西を中心にいくつかの学校で、校舎の位置変更が検討され、一部で実施されたりもした。しかしそれらの数はごくわずかで、あくまで自主的対応の範疇であり、手本としての波及効果は大きくなかった。

日本全国の活断層の位置情報を掲載する「活断層詳細デジタルマップ」を用いて、学校の校舎と活断層の位置との関係を調べた中田・隈元（2003）によれば、活断層の真上に位置する可能性のある学校の数は全国で225であるという。

学校施設の耐震化は進められているか

文部科学省は2003年7月に、「学校施設耐震化推進指針」を定めた。その中で、「公立学校施設全体で耐震性に問題のある建物は約4割に上る」という危機的状況を指摘し、学校施設の耐震性能の向上は、「地震発生時に児童生徒等の安全を確保するとともに、地域住民の応急避難場所としての役割も果たすため重要な課題」としている。具体的にこの指針においては、建物の耐震性能と、その場所における想定震度（や地震動予測結果）に基づいて「耐震化優先度指標」を定量化し、これを優先度ランクに読み替えることとしている。

活断層についても基本調査における資料収集対象とされているが、それは地震動を発生させる震源として注目するに過ぎず、いわゆる地盤災害を念頭に置いた活断層直上問題には触れられていない。耐震化推進指針が主に既存不適格建物の耐震化促進に重点が置かれているため、致し方ない面はあるが、活断層直上建物に対する措置については何らガイドラインを示していない。

２００８年６月に施行された改正地震防災対策特別措置法において、緊急性の高い学校施設の耐震改修について国の補助率が引き上げられ、地方自治体の費用負担が軽減されることになった。補強や改築が対象となるが、活断層直上問題は議論されていない。

設置者による自主的取り組み事例 ―三重県四日市市―

学校建物の耐震化はそもそも設置者の責任である。活断層直上問題もその観点での自主的な取り組みが始まっている。こうした取り組みに関する総合的な報告は今のところ行われていないが、大阪府高槻市内の小学校、和歌山県内の私立大学、京都市内の幼稚園など、改築や新築の際に活断層直上を避けた例がこれまでにも報道されている。ここでは最近の例として、三重県四日市市の事例を紹介する。

三重県は２００５~２００７年度に、名古屋大学との共同研究により活断層の詳細な分布図（鈴木ほか2006）を作成し、インターネット上（「防災みえ.jp」）で公開している。その活断層分布図によれば、四日市市南西部の小学校が活断層直上に位置していることがわかる（図13）。

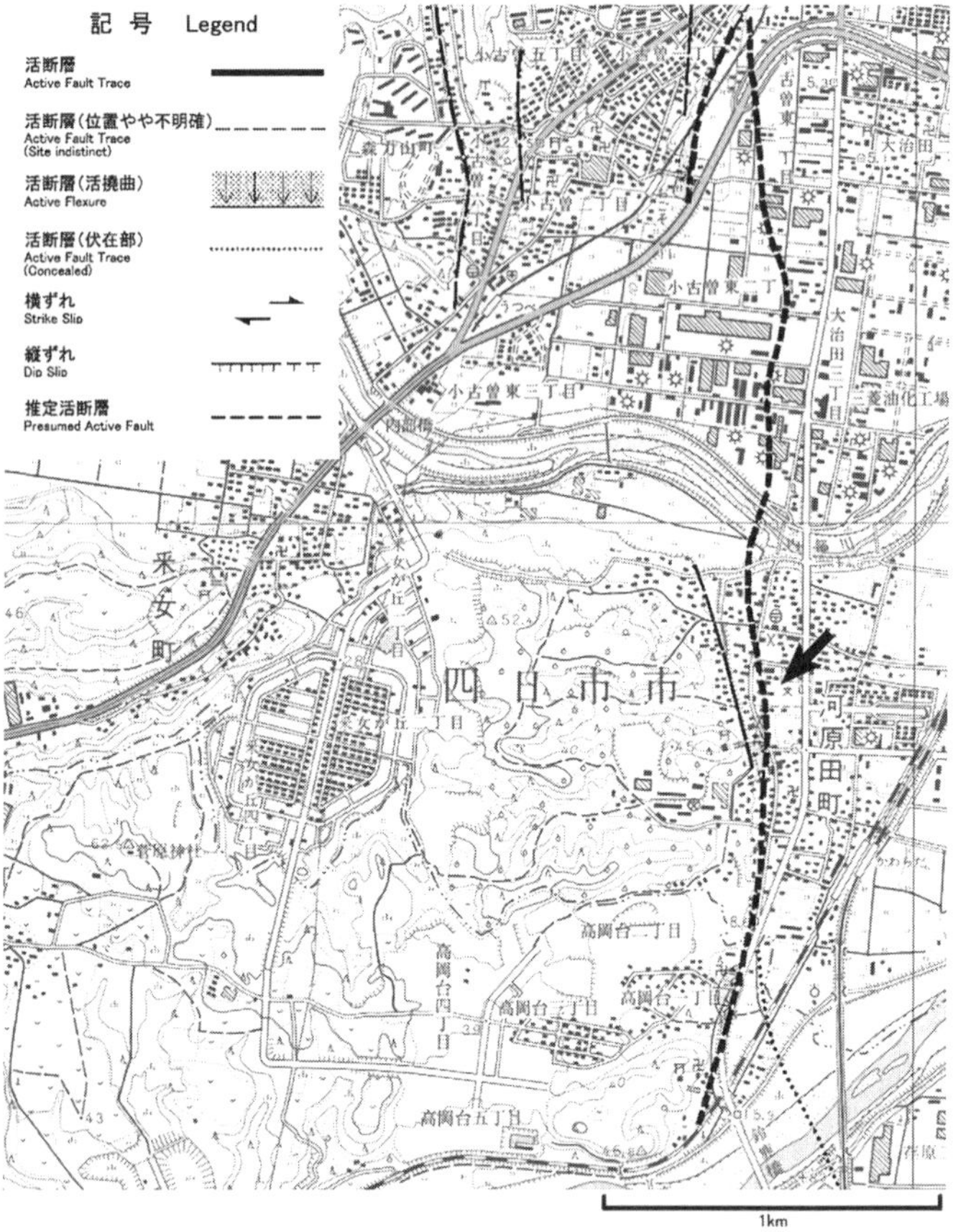

図 13　四日市市南西部の活断層分布図（三重県内活断層図：鈴木ほか、2006）

矢印の位置の学校は活断層直上にある。

このことに気づいた四日市市教育委員会は、校舎の一部を建て替えるにあたり、何らかの対策を講じる必要性を強く感じた。

この学校付近では、校舎の南側に最新の断層活動によると推定される低断層崖が位置することが、米軍撮影の航空写真の判読により確認される。ちょうどその北方延長に校舎が建っている。校舎の増改築時に実施されたボーリング調査においても、活断層の予想通過地点付近において地層の分布高度に不連続があることが確認された。活断層の存在がほぼ間違いないという状況において、同じ場所に校舎を改築することは適当でないとの判断から、より詳細に活断層通過地点を明らかにするための追加調査が実施され、代替案が検討された。

校地は東西150m、南北90mの長方形で、現在は西半分に校舎があり、東半分は校庭（運動場）になっている。活断層は校舎の直下（すなわち西半分）に位置していると推定されたため、校舎と校庭の位置を入れ替える方法が一案となった。

活断層の分布位置を特定するため、10～20m間隔で深度20～25m程度のボーリング調査が行われた。既設分（1971～1993年実施）7本、新設分（2007～2008年3月実施）6本に加え、さらに校庭内においても増設分（2008年6～7月）9本が掘削された。また、校庭内には活断層が存在しないことを確認するために深度2m、長さ50mの東西方向のトレンチ調査が実施された（図14、15、16）。ボーリング調査およびトレンチ調査により推定された地質断面図によれば、現在の校舎中央部付近に活断層による変位が確認され、一方、校庭内には活断層変位が認められないと判断された。

図 14　トレンチ掘削（校庭内には活断層がないことを確認することが目的）

図 15　地層観察風景

図 16　校庭内におけるボーリング調査

これにより、四日市市は校舎改築にあたり、校舎を現在の校庭内に建て替え、校舎と校庭を入れ替えるとともに、一部の耐用年限に到達していない校舎についても同時に移転することにした。

活断層を考慮した学校耐震の考え方

四日市市の例に見るように、活断層直上問題への取り組みにおいては以下の考え方を整理する必要があろう。活断層直上は危険であり、児童生徒に校舎選択の余地がない以上、生徒の安全確保の観点から設置者には一定の責任がある。既存校舎を移転する緊急性については判断が分かれる。しかし仮に緊急性はないと考えた場合においても、新設や立て替え等のタイミングにおいて、活断層直上とわかっていながらそのことを考慮しないことは適切とは言えない。

一方、移転を進めようとした場合、四日市市においても以下のような懸念があった。①校舎移転の理由説明は当然必要となり、そのことが活断層の周辺住民に対して不安感を与える可能性がある。②校舎の建て替え計画は全棟一斉ではないため、一部校舎のみを移転した場合、移転しない建物に対する不安が高まる。③移転に伴う経費増大について検討すべきとの意見もある。この意見に対しては十分な情報の提示と慎重な議論が必要になる。

四日市市において移転が実現する背景には、以下の状況があった。まず第一に、活断層の存在と位置に関する詳細な調査を行う予算措置がなされた。従来よくある行政の対応として、「専門家の意見」に重きを置き、それに従うことを良しとする風潮があったが、その是非は長期的に検証されるべきものであるため、調査に基づく客観的な事実の提示こそが必要である。上述の①や③の問題も、根拠データに基づいて共通理解を得ることから議論をスタートさせなくてはならない。

第二に、地元自治会等、地域コミュニティの理解が得られた。校舎移転をきっかけに地域防災力を向上させようという動きにもつながった。

第三に、教育委員会に問題を放置すべきでないという強い熱意があり、関係機関への丁寧な説明が行われた。また当時の市長の地震防災への使命感と英断があったことも大きかったと思われる。

以上に述べた四日市市の校舎移転に向けてのプロセスは、今後の活断層直上の学校耐震の問題に大きな一石を投じている。この事例において確認された考え方、問題点およびそれに対する解決の経緯については今後の参考として記録にとどめられるべき価値がある。

問題解決に向けて

これまでにも指摘があるとおり、学校の校舎が活断層直上に放置されることは児童生徒の安全確保の観点から問題がある。既存校舎を急に移転することは難しいとしても、建て替え等のタイミングで、設置者の自主的判断により問題が解消されることに期待したい。これを財政的・技術的側面において支援するため、以下の2点を提言する。

第1に、2008年に改正された地震防災対策特別措置法に基づいて、耐震改修における国の補助率が引き上げられる「耐震改修の緊急性の高い学校施設」の条件のひとつとして、「活断層直上であること」を加えるべきである。

第2に、詳細な活断層位置を知るための調査技術の支援をしかるべき公的機関が行う必要がある。政府の地震調査研究推進本部は2009年度以降の計画の中で、今後活断層の詳細位置を再調査し、「活断層基本図（仮称）」として取りまとめることを明記している、活断層基本図のあり方については今後の議論次第であるが、地表のずれによる被害軽減の必要性にも言及されていることは注目される。具体的なニーズの高まりが活断層基本図の方向性に影響を与える可能性もある。

第４章

活断層大地震に備えるために ２００８

（仙台放送 web 市民向け防災講座 ２００８年）

陸の地震にも要注意！

宮城県の沖合で、今後30年以内に99%の確率で大きな地震が起こる（2008年時点）。この地域に住む皆さんはすでにこのことをよくご存じで、地震に備えた建物の耐震診断や耐震補強を始めていらっしゃることでしょう。私の住む東海地方でも、やはり高い確率で東海地震や東南海地震の発生が予想されています。「家一軒倒れると、国民の税金が一千万円以上もつぎ込まれる。誰かが対策を怠るとその人だけの損害では済まない。若い世代に重いツケを残し、この国は潰れてしまうかもしれない……」そんな危機感を持つ人が増え始め、自ら行動を開始しています。地震防災は真剣勝負なのです。

99%の確率で起きると言われている地震は、プレートの沈み込みに伴う、いわゆる「海の地震」です。宮城県沖はこうした地震の常襲地帯であり、平均37年間隔で地震が繰り返し発生しています。1978年の地震からすでに30年が経過していますから、もうすぐ、ほぼ間違いなく地震が起きると考えられ、可能性を数字で表せば、「30年以内に99%」となります。

一方、沿岸や内陸部にある活断層が起こす、いわば「陸の地震」も起こり得ることが知られています。阪神・淡路大震災（図17）のように、ひとたび起きれば大惨事につながる心配な地震ですが、一つの活断層が起こす地震の繰り返しは、およそ千年から万年の単位であるため、次の地震がいつ起きるかをなかなか知ることができません。そのため、今後30年以内の地震発

図17　阪神・淡路大震災　1995年1月17日 神戸六甲台にて小林郁雄氏撮影

生確率は、例えば仙台市内を通る「長町－利府線活断層帯」で1％以下、「山形盆地西縁断層帯」で最大8％といった小さな値になってしまいます。一見、こうした数字は「まず起こらない」と感じ、安心してしまいがちですが、それで良いのでしょうか？

文部科学省が発表している資料に、日本中で「過去200年間に50人以上が死亡した地震」の記録がありますのこれを見ると、海の地震は11回起こっていて、平均20年に一度であるのに対し、陸の地震は23回あり、平均9年に一度起きています。最近起きた中越地震はこのうちの一つですし、また、近海で起きた福岡県西方沖地震・能登半島地震・中越沖地震も地学的には「陸の地震」にカウントされます。こうした地震はみな、

もっと大きな地震が起こってもおかしくない場所に起きた「やや小さめ」の地震でした。被害に遭われた方には申し訳なく思いつつも、専門家の中には、「この程度でよく収まったな……」と感じている人も多く、私もその一人です。

「いつ起きるかわからないから、発生確率も高くならない」。そうだとすれば、確率が高まるまで待っていればよいわけではありません。99％というような「海の地震」の陰に隠れて、つい忘れられがちの「陸の地震」については、「いつ起きるかはわからない」「いつ起きても不思議はない」と考えて、日頃から意識しておく必要があります。陸の地震によって、場所によっては宮城県沖地震で想定される揺れよりも遙かに大きくなる場合もあります。局地的に多くの死者が出たり、山間の村が孤立することもあります。そんな「陸の地震」とその対策について、これからお話ししたいと思います。

仙台の街と活断層

私にとって仙台は、祖父母が暮らしていた懐かしい街です。印象的なのはやはり広瀬川と青葉城ですが、それはもしかしたらちょうど30年前、宮城県沖地震が起きたその年に流行った「青葉城恋唄」のせいかもしれません。

広瀬川にはとても清涼な印象があります。青葉山側の岸には泥岩や砂岩の白っぽい地層が露出していて、その地層の中には「埋もれ木細工」の原料となる五百万年前の木材や、貝の化石もたくさん含まれているそうです。それを穿って流れ続けてきた川に「悠久の時の流れ」を感じ、また川沿いの「源兵衛淵」「矢込瀬」「鎧淵」などの地名には、城下町ならではの歴史の深さを想います。

ところで、広瀬川を少し下って宮沢橋あたりに来ると、こうした白っぽい地層を河岸に見ることはなくなります。地面を１００ｍ近く掘り下げて初めてこの地層を見つけることができます。それは、ちょうどこの付近に「長町－利府線」と呼ばれる活断層が通っているためで、この断層が時々地震を起こし、宮沢橋より東側の大地をどんどん沈降させました。断層より西に位置する大年寺山から三神峯につづく丘は、活断層によって持ち上げられました（図18）。

仙台駅から大通りを南へ行き、荒町交差点を東へ折れると、古くからの街道筋の商店街に入ります。そこから南鍛冶町へ至る間に、活断層が動いた痕跡を見ることができます。荒町郵便局付近まで来てよくよく目を凝らすと、道がわずかに東上がりになっています。これが「大年

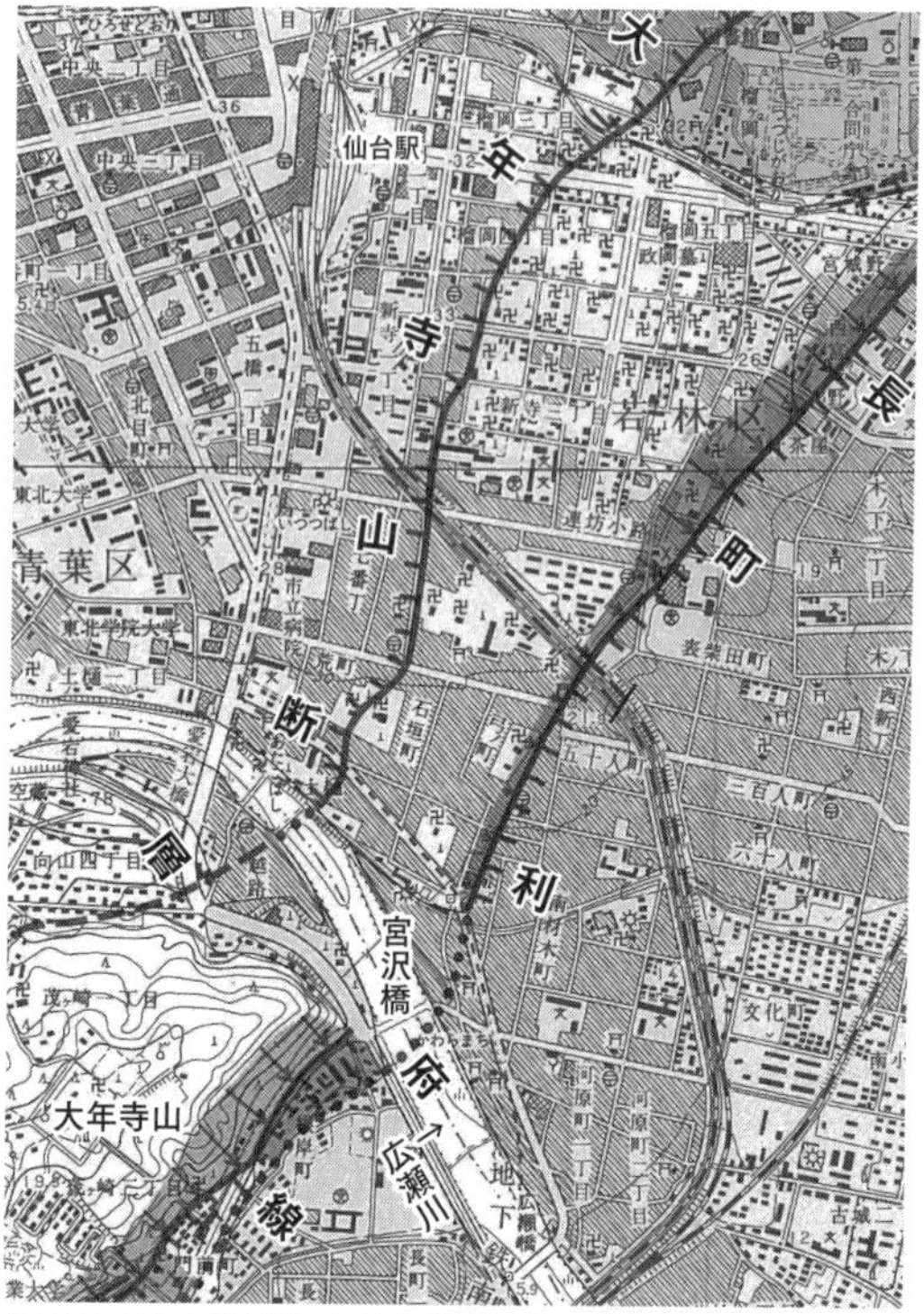

図 18　国土地理院 都市圏活断層図「仙台」に加筆

寺山断層」という活断層による隆起の跡で、そこから南北方向へ、東上がりの小さな崖が住宅地の中へ続きます。また、荒町の通りの突き当たり付近には東下がりの坂があり、これは「長町－利府線」の動きによってできたものなのです。

「長町－利府線」と「大年寺断層」に挟まれた、町名で言うと石垣町や弓ノ町のあたりは、周りよりわずかに小高くなっていて、南鍛冶町やさらにその北の連坊や榴岡にかけて、古くからお寺がたくさん建ち並びました。ＪＲの在来線の線路も、この付近にさしかかった時だけ「切り通し」になっています。こうした小高い場所は地盤も良く、古くから城下町として栄えました。

一方、長町－利府線より東に拡がる広大な仙台平野も、活断層がつくったものでした。東北地方にはこのような平野が多く、ＪＲ東北本線に沿う福島盆地も、白石、郡山、北上平野も、またＪＲ奥羽本線沿いの米沢、山形、新庄、横手の盆地もみな活断層がつくったものです。日本海側の新潟、庄内、秋田平野にも活断層があり、沈降した範囲が平野となっています。

このように活断層は大地そのものをつくり、我々の生活にとって身近なところに潜んでいます。「活断層が動くとき、何が起こるのか？」……一度は考えておかなくてはなりません。

直下型地震の衝撃

活断層が動くことが、地震そのものです。活断層とは大地の中の切れ目のことで、そこでずれが起き、そのずれが大きければ地表にも現れて崖をつくり、同時に、周辺の地面を大きく揺すります。

１８９１年（明治24年）に起きた濃尾地震の際には、「薄墨桜」で有名な岐阜県本巣市根尾

図19　濃尾地震の惨状を伝える錦絵（東京大学総合図書館蔵）

にある根尾谷断層が、上下に一気に6mもずれて大きな崖が現れ、その様子は写真に残されました。当時は日本のみならず世界的にも近代地震学の草創期で、この事件は、断層と地震の関係について大きなヒントを与えました。

その後も、1894年には山形県で庄内地震、1896年には秋田県で陸羽地震、という具合に直下型地震が相次ぎ、断層と地震の因果関係に注目が集まるようになりました。地震を起こす恐れのある断層を、地形学者の多田文男氏が「活断層」と呼ぶようになるのは、1927年の北丹後地震直後のことです。

濃尾地震は当時、美濃・尾張地方で起きたことをもじって、「身の終わり」の地震と言われるほど壊滅的な被害を与え、死者は7273人を数えました（図19）。山形県の庄内地震でも726人、陸羽地震でも209人の犠牲者が出ています。活断層がひとたび動いて地震を起こすと大惨事になることは、明治以降の歴史記録を見ただけでも明らかなことでした。

しかし、直下型地震の衝撃は想像を遙かに超えるものでした。1995年1月17日の朝のことを私は生涯忘れることはないでしょう。最も被害の激しかった淡路島北部から神戸市、西宮市にかけての地域からは、正確な震度すら報告されず、死傷者の情報も聞こえてきません。上空のヘリコプターから撮影されたテレビカメラの映像によって、多くのビルや高速道路までもが倒れている様子が、次第に映し出されてきます。不気味に静まりかえる都市……。速報がないために国の危機管理体制が遅れたとも言われましたが、しかし実際には、数十万人の人が家具や建物の下敷きになり、そのうちの約5千人は、夜が明ける前に即死していたのです。

近代的な都市の建造物が数多く倒壊し、「安全神話の崩壊」とも言われました。現場を歩いて、民家がぺしゃんこに潰れ、大きなビルまでもが傾いて壊れている状況を目の当たりにすると、普段、壊れるはずがないと思って安心して暮らしていただけにショックが大きく、精神的な「安心」の土台が崩れていきます。「神話の崩壊」という言葉には、「無念さ」や「不安感」など複雑な思いが込められていました。自然の脅威の前に人間の無力さを感じざるを得ませんが、同時に、「活断層の存在は事前にわかっていたのだから、もう少し何とかできなかったものか？」という無念も禁じ得ません。

この無念の思いこそが、私にとって、活断層地震に対する防災を希求する原点でした。さぞ無念だったであろう犠牲者の声を聞くことが、何より大切ではないでしょうか。

活断層を見つける

活断層とは、最近の地質時代に「ずれ」を繰り返し、今後もそのような活動を起こす可能性が高い断層のことです。これを探すには、まず過去の「ずれ」の痕跡を追うことになります。痕跡は地層の中に見いだされることもありますが、それは地層が露出していたり、穴を掘って確認できたりする場合に限られますから、普通はなかなか見つけられません。市街地化された都市域においては、地層を見ること自体、極めて稀です。そこで、活断層の分布を調べる際には、「地形」に現れたずれの痕跡を探す方法がとられます。本書90ページ「仙台の街と活断層」で紹介したように、断層が動いた時にできた崖や坂道を探すことになります。

「地形は勝手気ままにできていて、山あり谷あり……。そんな地形を観察して何がわかる？」

図20　京都市内の活断層（渡辺・鈴木著『活断層地形判読』古今書院より）

とお思いの方もいるかもしれませんが、例えば、扇状地は川がつくった扇形の緩斜面であることはよく知られていますね。その勾配は、土砂の細かさによって決まり、自然の法則に従って極めて綺麗な立体形になります。このように成因がわかる地形を活断層が横切り、変形させていれば、活断層を必ず見つけることができます。

図20は京都市内を通る花折断層の様子です。Bは京都大学のグラウンドの東端で、ここには南北（北北東－南南西）方向に続く東上がりの崖があります。Dにも同様な崖があります。このあたりは東から流れ下る川がつくった扇状地ですから、こうした南北方向の崖が川の浸食によってできるこ

とはあり得ません。また、この崖の南西延長は吉田山の西縁にあたり、花折断層が何度もずれた結果、吉田山自体が隆起したと考えられます。このことから、花折断層は何度も同じ場所で繰り返しずれたことがわかります。なお、Tでは次節で紹介する「トレンチ調査」が行われ、2500～1300年前に断層がずれた可能性が高いことがわかっています。1200年の歴史を持つ京都の街は、直下地震をまだ経験していないようです。

活断層を見つけるには図20左のような航空写真を使います。日本中くまなく撮影されていて、しかも同一地点が少しずつ違う複数のアングルから撮影されていますから、2枚の航空写真を用意して、特殊なメガネを使えば立体的に見ることができます。起伏が浮かび上がって見える不思議な3D写真を体験された方もいらっしゃると思います。そういうやり方で京都市内をじっくり眺めると、活断層が見つかってくるのです。

この作業は、実際には経験と根気が必要な重労働です。「ここの地形はどうやってできたか?」と、地形の成り立ちを考えながら、通常の浸食・堆積作用ではつくり得ない地形を探し出すのですから、専門家ですら何日もかかりきりになります。そうして初めて、ある地域の活断層分布図ができあがるのです。

活断層は「いつ」動くか

地震はまったく気まぐれに起きるのではなく、その場所ごとに「起きやすい地震」があり、その地震ごとに「ほぼ一定の繰り返し間隔」があると考えられています。このため、場所ごとに起きやすい地震を知り、地震の歴史を知ることが、次の地震発生を予測するために重要です。

地形に残る活動の痕跡を探す方法について、前節では京都を例にお話ししましたが、そこで重要だったのは、「京都の街の土台である扇状地の地形ができた後で、活断層が動いた」ということでした。「扇状地ができる」とは、川によって大量の土砂が運ばれ、それが堆積することですから、地形ができた年代は地層が堆積した時代ということになります。活断層はその時代以後に動いたのですから、地層の年代を調べれば地震の年代がわかります。

地層がたまり続ける間に断層が動くこともあります。図21はその様子を示しています。原始人が暮らしていた時代（1）に活断層が動いて、彼らが生活していた地面に崖ができました。その後、近くにあった川が氾濫を続けた結果、Bの地層が堆積して崖を埋めてしまいました（2）。その後、戦国時代（3）は何事もなく過ぎ、この間にも地層が堆積し続け、現代（4）になって再び断層が動きました。この図はそのような歴史を示しています。

1 地震時：地表に段差が生じる
2 地層Bが段差を覆う
3 地層Cが堆積する
4 地震再来：再び段差が生じる

図21　断層活動と地層の堆積（三重県のパンフレットより）

断層の活動間隔を知るには、この図における1の時代がいつかを知る必要があります。断層活動は、地層Aがたまった後で、地層Bがたまる前に起きたことになります。そこで、Bの地層を観察して、その地層がたまり始めた年代を調べます。地層の中に含まれる埋もれ木や植物の腐植物などを採取して、その中の炭素を分析する方法がよく用いられます。その他、土器等の考古学的遺物や火山灰の年代によって推定する方法もあります。

日本は過去千年以上の歴史記録を持っています。しかし、活断層が動く間隔は千年～数千年以上であるため、歴史記録ではなかなか活断層の活動間隔を知ることはできず、地層に尋ねるしかありません。しかし、地層の年代測定には少なくとも数十年の誤差を伴います。また、地層の堆積は間欠的なため、日記に欠けたページがある場合のように、正確に教えてくれないこともあります。このため過去の断層活動の歴史はなかなか正確につかめず、これに基づいた今後の予測も、切迫性の大小をおよそ知る、といった程度の曖昧なものになりがちです。

しかし私は、これは重要な情報だと思います。全国に千本以上もあると言われる活断層のすべてに対策を立てるわけにもいきませんから、切迫性の高さから要注意断層を見極めることが必要で、その場合の参考になります。阪神・淡路大震災を起こした、淡路島から神戸・西宮に至る活断層は、こうした考えによって、松田時彦氏が１９８１年に選んだ全国で12の「要注意断層」のうちのひとつでした。１９９５年以降、活断層調査が集中的に実施され、この点について見直されましたが、12のうちの大半は松田氏の予想どおり要注意であり、そのほかにも要注意なものが追加されることになりました。

活断層が動くとどうなるか

今後30年以内に地震発生の可能性が「高い」と考えられる活断層が、政府の地震本部によってリストアップされています。このような情報では、「いつ地震が起こるか？」という質問に答えたことにはならないという批判があるかもしれませんが、今一度、「いつ」を知ることの意義を考えてみる必要があるように思います。正確に地震発生時期を教えて欲しいという要望の陰に、「直前に教えてさえもらえれば、それから何とかなる」という甘い考えが潜んでいたりしないでしょうか？

地震予知は難しく、成功例は世界で一つしかありません。中国東北部で１９７５年に海城地震が起きたとき、「臨震情報」により地震の7〜8時間前に住民の避難が行われ、住民は広場で大地震を迎えたため死者を出さずに済みました。しかしその1年後の唐山地震では、地震発生をある程度予測していたにもかかわらず、直前の「臨震情報」を出せず、24万人が亡くなりました。成功した海城地震においても、真冬であったこともあり、地震発生があと半日遅ければ住民は凍えていたかもしれません。日本においては1~2日前の地震予知が成功すれば有効ですが、警戒宣言の発令後、3日以上地震が発生しなければ混乱が起きかねません。

地震予知の精度向上は望みたいところですが、すぐには難しく、建物を十分耐震化して身近な危険を取り除いておく努力の方が確実です。しかし大工さんの数は限られているため、まち全体の建物の耐震化には数十年はかかります。それくらい前から備えなければ間に合わないのですから、今後30年以内の地震発生確率は、「ちゃんと備えるつもりのある人」にとっては必要な情報なのです。

ところで、「いつ」という予測の他に、「起きたらどんなことになるか」の予測も重要です。現時点ではこの点についての予測技術は高くなく、場所ごとでどのように揺れ、どんな被害が起きるかについて正確にはわかっていません。過去の事例に基づいて、活断層の長さと地震規模との相関関係や、断層の長さとずれの量との関係式が計算に用いられます。要するに「長い断層ほど大きな地震を起こす」という関係ですが、過去の事例が少ないため、精度はよくありません。

最近、私たちは、最新活動の際にずれた痕跡を断層に沿って丹念に見直しています。ずれの量は場所ごとに違い、その分布パターンがわかるようになりました。大きくずれるところは大きな揺れを出します。また、活断層の端に近づくとずれの量がだんだん減ります。こうした見方によって活断層の終点を見極めることができ、断層の長さを正確に判断でき、ずれ量に基づく地震規模の推定もできるようになります。また、断層の延び具合から、ずれ始める場所もおよそ推定できるようになります。このように断層がどのように動くかを具体的に知ることができれば、いざという地震の際の、地盤のずれ方や揺れ方をより正確に知ることができるようになるはずです。

地震の予測は、「いつ起きるか」も重要ですが、「どんな地震が起きるか」はもっと重要だというのが私の考えです。地震発生がいつかはわからなくても、「その地震が仮に起きても自分の家は壊れない」とわかれば、大きな安心を手にすることができるのではないでしょうか。

２００４年中越地震は活断層が起こした！

大地震が起こると、その後の数日間、「なぜ地震が起きたか？」に注目が集まります。被災者にとっては地震の原因などどうでもよいようなものですが、マスコミはこぞってこのテーマを取り上げます。２００４年10月に起きた新潟県中越地震の時もそうでした。

中越地震は結局、活断層が起こした地震でした。しかし、その事実が明確に確認されるまでに時間がかかりました。原因はふたつあります。ひとつは、震源となった活断層が確認されたのが１９９０年代後半以降であり、それ以前に作成された活断層地図には明記されていなかったことです。

活断層の分布は、現時点でも完全にわかっているわけではなく、その情報は改訂され続けています。例えば中越地震の震源域付近では、越後湯沢から越後塩沢までの間に六日町断層という活断層が存在することは、30年近く前からわかっていましたが、越後塩沢より北へさらに数十キロ以上続くことは90年代になって初めて明らかになりました。旧北魚沼郡小出町および広神村付近を通っていた、その活断層の一部が今回の地震を起こしました。しかし、地震観測を行う研究者たちが使用する活断層分布図にこの情報が反映されていませんでしたから、一見、

「活断層の空白域で地震が起きた」かのような誤解が拡がり、当初マスコミもそのように報道しました。

また、もうひとつの理由は、地表で確認された断層変位は数十センチ程度と小さいのに対して、地殻変動観測の結果から推定される地下数キロにおける変位量は2メートル近かったため、地表に現れた断層は本物ではないという疑いが持たれたためでした。また、震源域の活断層は複数列に分かれているため、どの活断層が震源かについてもわかりにくい状況でした。

12月になって、国土地理院が魚野川に沿う水準点の標高を測り直した結果、地表の変形がどこで起きたかが明確になり、2列ある断層のうち、西側のものはやや深い部分で2メートル程度ずれ、東側の断層は浅い部分が数十センチずれて地表にも断層を生じさせたことがわかりました。今回ずれなかった断層は今後も地震発生の危険性を持ち続けるため、どの断層がどのように動いたかは、今後の地震予測にも大きな影響を及ぼします。しかし、こうした基本的な事実がわかるまでに、数ヶ月の時間がかかりました。

ところがマスコミが「地震の原因」に注目するのは、地震発生後せいぜい3日程度です。その後は被害状況や複雑な社会問題など、報道ネタも増えるため、地震の原因論はほとんど報道されなくなります。今回の中越地震においても、4日目には土砂崩れ現場からの幼児救出があり、その後はぱったり地震の原因についての報道は途絶えました。これはやむを得ないことかもしれませんが、地震の原因に関する真実が報道されずじまいになるのは問題です。地震直後の取材の集中は、真実を伝えるということよりも、とりあえず「何が起きたか」を科学者に語らせることによって、「安心」を得るのが目的なのかとも思えてきます。

図22　中越地震による山古志地区の地すべり（中日本航空提供）

中越地震は明らかに既知の活断層が起こしたものであり、起こるべくして起きた地震でした。また、付近一帯が地すべり地帯であったため、山間部の孤立等も十分予測され得るものでした（図22）。「自分の住む地域でこんな災害が起こるとは思わなかった」という住民に対しては厳しい言い方かもしれませんが、備えの不足を指摘することも必要です。また同時に、「明日は我が身」という他地域の住民に対して、「十分な備えと心構え」を問うこともマスコミの使命です。そのために重要なことは、この地震はなぜ起きたか、予測可能であったかを正確に報道することだと思います。

2007年能登半島地震・中越沖地震と原発問題

2007年3月25日、石川県輪島市の西南西沖40㎞の日本海でM6・9の能登半島地震が起こりました。震源の深さは11㎞、最大震度は6強で、死者1人、負傷者356人。約20㎝の津波も起こりました。

また、2007年7月16日には新潟県中越地方の沖を震源とするM6・8、最大震度6強の中越沖地震が起こりました。死者15人、負傷者は2300人を超えました。また震源近くにあった柏崎刈羽原発は激しい揺れに見舞われ、地盤は液状化し、火災も発生しました（図23）。

立て続けに起きた能登半島地震と中越沖地震は、原発の安全性に大きな疑問を投げかける結果となりました。石川県の志賀原発も、新潟県の柏崎刈羽原発も、結果的には深刻な原子炉への被害こそ起きませんでしたが、建設前の海域の活断層調査によって、両地震の震源となった

活断層を確認していたにも関わらず、大きな地震を起こさない活断層であると過小評価してい
ました。2006年に島根原発において活断層の過小評価が露見して以来、多くのマスコミ報
道を通じて警鐘が鳴らされていた矢先でした。

能登半島地震においては、大きな被害が出た門前町の南西の海底に、今回の震源となった活断層が存在することが見つかっていました。この断層から志賀原発までの距離は15㎞でした。しかし電力会社は、音波探査調査により事前に確認されていた全長34㎞の断層を3分割し、全体が一挙に動いて地震を起こすことはなく、したがってM6・5程度の小さな地震しか起こさないとしていました。しかし、地震後に産業技術総合研究所が実施した調査によれば、この3区間すべてが同時にこの地震の際に動いたことが確認され、事前評価が誤っていたことが明確になりました。

図23　中越沖地震の際に柏崎刈羽原子力発電所で起きた火災（共同通信社提供）

一方、中越沖地震（M6・8）においては、柏崎刈羽原発の沖合15㎞に長さ30㎞以上の活断層があり、これが今回の地震を起こしました。2007年7月に広島工業大学の中田高教授（当時）らと一緒に、80年代に国が認めた柏崎刈羽原発2号炉・5号炉、および3号炉・4号炉に関する安全審査申請書を見直して愕然としました。資料には明確に活断層の存在を示す音波探査記録が掲載されているにもかかわらず、活断層の可能性は否定されていたからです。2007年12月になって電力会社は活断層の存在を認め、「2003年には気づき、国の審査機関である原子力安全・保安院に報告したが、公開していなかった」という発表をしました。

このような過小評価の責任は、調査を実施した電力会社にありますが、電力会社には活断層調査の専門家はいません。一方、国の安全審査においては、経済産業省に原子力安全・保安院、内閣府に原子力安全委員会がそれぞれ設置され、専門家による2段階審査が行われていました。こうした権威ある委員会が過小評価を見逃したことに重大な問題があります。これらの機関は、結果的に過小評価が起きたことは認めながら、「当時の知見に基づく当時の審査には問題はなかった」と繰り返しています。

原発を設計する際の強度は、予期せぬ地震にも耐えるように余裕を持たせています。このため活断層を過小評価しても、にわかには問題が生じないようです。これは科学を過信しない賢明な設計思想かもしれませんが、だからといって活断層評価が間違ってもよいということにはなりません。

ある電力会社のホームページにはかつて、「現実にはあり得ない地震も想定して設計しているから安全……」とありました。ここでいう地震とは、なんと活断層が起こす地震のことを指していました。活断層が軽視されていることに疑問を感じます。

活断層の真上に建つ敦賀原発

福井県の敦賀原発は活断層の上に建てられている……。かねてから議論のあったこの事実を、敦賀原発を運転している日本原子力発電株式会社は、2008年3月末に初めて認めました。正確には原子炉自体は断層の真上ではありませんが、敷地内を浦底断層が通っていて、排水路が断層を横断するため切断の危険性があり、原子炉と断層の距離は200mしかありません。「もし仮に浦底断層が動いて地震が起きても、その強い震動に対して原子炉は重大な損傷を生じない」と電力会社は説明しています。私は建造物の強度については専門外のため、その妥当

図24　敦賀発電所敷地内の浦底断層（矢印）

性はわかりませんが、少なくともこれは、初めから活断層があることを前提に設計した結果ではありません。

1号炉がつくられたのは古く、当時は活断層調査が十分には義務づけられていませんでした。1981年の2号炉や、2004年の3・4号炉増設審査の際には詳細な活断層調査が行われましたが、「活断層ではない」とされてきました。2004年の3・4号炉増設の審査の際には、電力会社が提出した調査結果に疑義が持たれ、再調査が命じられました。そのため電力会社は大がかりなトレンチ調査を実施して、最終的に活断層の存在を認めました。従来は、「数万年間動いていないため再活動の危険性はない」としてきたにもかかわらず、実際には数千年前にも活動していたことが明らかになりましたから、20年以上にわたり誤った評価が行われてきたことになります。

敷地内に活断層が走るということは深刻です。東洋大学の渡辺満久教授らと現地見学を行ったところ、断層がずれた痕跡は極めて新鮮でした（図24）。北側が隆起すると同時に横方向にも大きくずれているため、トレンチ調査で確認できる上下方向のずれよりも実際には数倍のずれが生じていることもわかりました。

また、一般にこのような断層は小規模な分岐を伴うことも多く、現在確認されている一本の断層しか存在しないのかどうかにも疑問が残ります。原発建設前の１９６３年に撮影された航空写真を見ると、活断層の疑いがある地形が数ヶ所あり、本来、原発建設前にこうしたものを対象にした徹底的な調査が必要です。建設当時にも相当な調査が行われていますが、敷地内に活断層があるという緊張感の中で、疑いのあるものを徹底的に追及したかどうか気がかりです。

それでも、「従来から活断層の存在はある程度織り込んで原発設計が行われたのかもしれない」と関係者は言います。原子炉は断層から遠ざけるように、西側の山を切り開いて平地をつくり、そこに配置しています。原子炉の下も掘り下げ、複数見つかった小断層の性状を詳細に調べたそうです。

建設当時と現在では、情報公開に関する常識も大きく異なり、また活断層調査を今ほど十分には行わなかった時期に1号炉が建てられたという背景もあり、一概に批判できる状況ではないかもしれません。しかし敦賀原発は未だ現役であり、敷地内を活断層が貫いているという緊迫した条件下に置かれていることは事実です。そうした状況を知らずに建ててしまった例として、今後の取り扱いが注目されます。（その後の経緯は本書１４７ページ）

活断層はどこまでわかっているか？

活断層はどれくらい見つかっているのでしょう？……未知のものがあるかどうかは神のみぞ知るではありますが、このことについて、私は次のように考えます。

海底の活断層については、まだまだよくわかっていません。どの程度のデータによって活断層の存在を認定するかにも議論が残っている状況です。例えば中越沖地震の震源海域を見ても、私たちのように50㎞を超える活断層があると考える者と、そこまでは考え過ぎだという意見の人がいます。また、海溝におけるプレートの沈み込む様子も教科書の挿絵ほど単純ではなく、周辺には多数の海底活断層が分布し、その全体像はまだよくわかっていません。そもそも調査が十分に行われた海域はほんの一部に過ぎない状況ですから、現状では海底活断層が起こす地震については十分な予測はできないかもしれません。

　一方、陸上の活断層についてはかなり調査が進んでいて、まったく活断層がないと考えられている場所に突如大きな断層が現れることは、まずないだろうと思います。１９７０年代から80年代にかけて、多くの地形学者や地質学者が日本列島全域の航空写真を観察して、活断層のずれの痕跡を探し、90年代以降も今日に至るまで詳細な調査が続けられた結果です。例えて言えば、活断層の「名簿」はほぼできあがっています。

　しかし、その「身体検査」はまだ十分にできていません。地震の規模を予測するためには、活断層の長さを決めることが重要ですが、断層の終点を明らかにすることは簡単ではなく、また、断片的に見つかる活断層が相互につながり、長い活断層を形成しているかどうかを見極めるのも容易ではありません。陸上の活断層が海底活断層より危険なことは歴史が証明していますから、今後ますます、陸上の活断層についても詳細な調査が必要です。

　こうした中、私たちは、カーナビでも活断層の位置を知ることができるように、詳細な断層の位置情報を取得し始めました。また、断層に沿って1回の地震の際のずれの跡を見つけ、その量を地点ごとに計っています。そうすることで、次の地震の際、その場所でどれだけずれるかを予測し、その結果から地震のマグニチュードを決めたり、揺れの激しさを予測したりすることを目指しています。

我々はインターネットで、航空写真に活断層を重ねて表示する取り組みもしています。クローズアップすると、家一軒一軒と断層の位置関係がわかります。高精度な位置情報を全国的に整備することは、活断層の防災を考える大きなきっかけになると考えています。

活断層へ備える心構え

「活断層の真上には住みたくありません。真上にある学校に子供を通わせたくありません」……私はそう思うのですが、皆さんはいかがですか？

「活断層なんて滅多に動かないのだから、そんなことは気にしない」という方もいるかもしれません。どう考えるかは個人の自由です。ただ、今後30年以内に3％の確率で動くと言われている活断層はかなりあり、この確率は交通事故で死んだり、火災で死傷する確率の約15倍だそうです。それでも心配しないのは暢気すぎます。

アメリカのカリフォルニア州やニュージーランドでは、活断層の真上の住宅建設を禁止している例があります。台湾でも１９９９年に大地震があり（図25）、多くの被害が出たことをきっかけに同様の法律ができました。台湾政府に意見を求められて、法規制の必要性を主張した太田陽子横浜国立大学名誉教授は、「日本にはなぜないの？」と聞かれて返答に困ったそうです。

「土地利用規制など必要ない」という人もいます。主な反対理由は、「断層からどれだけ離れれば強い震動に対して安全か言えないから」とか、「すべての場所で断層の位置を事前に精度良く知ることができないから」だそうです。いずれも法規制の難しさを指摘する意見ですが、前者は議論の焦点がずれています。活断層の真上の土地利用を制限しようというのは、「断層のずれによる被害を食い止めるため」であって、「揺れに備えるため」ではありません。また、後者についても、大半の場所では調査が可能であるのですから、一部の例外を強調して「できない」とすることには疑問を感じます。

図 25　1999 年台湾中部地震の地震断層

確かに活断層の真上だけが危険とは言えません。しかし、断層の真上は明らかに壊滅的な被害が出やすいのですから、何も手を打たないままに被害にあうのは残念です。これから考えるべきことは、法律による規制を行うべきか、それとも自主的な対応が可能になるようなサポートをしっかり行うことに留めるべきか、ではないでしょうか。

私のところには最近、校舎の耐震化や建て替えをするにあたって、活断層の真上から移転すべきかどうかという相談が来るようになりました。私は「不可能でないなら是非に……」と勧めるのですが、隣接する住宅地への気遣いや、同一地域内の他の学校に与える影響等、難しい問題も多いようです。次の建て替え時期までの間に活断層が動く可能性は実際には高くなく、仮に移転に伴って多くの経費がかかる場合には、「対策は無駄だ」という意見も出てきます。それでも関係者は、「子供を預かる以上、万が一のことにも備えたい」と言って移転の実現に奮闘されています。

「活断層に備える」とは、「極めて稀だけれども、起きてしまうと大変なことになることがわかっている災害にどう備えるか」という問題です。取り返しのつく程度の被害なら諦めることも、ある程度は必要かもしれません。「万が一、活断層が動いたとき、諦めきれないもの、取り返しがつかないものは何か」を考え、それを回避することに全力を尽くすことが大切です。

阪神・淡路大震災の教訓は生かせるか？

「20世紀後半の、快適さばかりを追求した都市文明社会の『安全神話』が崩れ、今一度、自然そのものを見つめ直し、自然の鼓動を聞きながら最適な共存を目指す。このような今日的な方向性の中でこそ、活断層対策についての答えが見えてくるのではないか……」これは、２００１年に出版した拙著『活断層大地震に備える』（ちくま新書）の一節です。

本の出版から7年（２００８年時点）が過ぎて、当時おぼろげに見えていた答えは、また闇の中に消えてしまったように思えてなりません。安全性に疑問が投げかけられているにもかかわらず超高層ビルはどんどん増え、災害時には大変なことになると心配しながら、電子マネーやインターネット等の情報システムに頼り切る風潮がますます進行しています。高齢化も進み、財政難のために安全対策に十分な予算をかけられない時代の到来も間近です。

一方で、自然の鼓動は随分聞こえるようになり、宮城県沖地震の発生確率が今後30年間にほぼ１００％、東海地震も90％近いという具合に明確に示されました（２００８年時点）。しかし、こうした情報を聞いても、民家の耐震化はなかなか進みません。「活断層の真上の学校が全国に２００校以上ある」と発表されても、文部科学省は対策をとろうとせず、ＰＴＡも気にしな

図26　阪神・淡路大震災で倒壊した神戸市内の建物（神戸市提供）

い。阪神・淡路大震災であれほど衝撃を受け、犠牲者の死を無駄にしないためにも教訓を大切にしようとしたのに、あれは何だったのでしょうか……？（図26）

今一度、教訓を思い出したいと思います。まず第1に、地震は「起こるべくして起こる」のであり、活断層を軽視してはいけないということ。第2に、「その災害の大きさは予想を超える」ということ。阪神・淡路大震災では、活断層に近い場所では重力加速度を超える激しい揺れが起き、すべてのものが飛び上がるほどでした。決して壊れないと誰もが信じた高速道路の橋脚すら倒れました。

土木学会長（松尾稔名古屋大学教授（当時））はテレビカメラの前で国民に謝罪し、技術者の過信を戒めました。私は研究者も興味本位だけで地震研究をしていてはいけない、と自戒しました。心ある報道関係者は、災害時に被災者を助けるために何を報道すべきかについて猛反省しました。肝に銘じるべきことはたくさんありました。それらを次の大地震まで忘れず、少しでも改善しなければ、結局のところ教訓は無駄になってしまいます。

活断層がそこにあるということは「不都合な真実」です。目をつぶりたくもなるでしょう。しかしそれでは、活断層による大揺れによって一瞬にして空しく命を落とされた6千人以上の犠牲者に叱られます。

活断層の近くに住んでいる人は、活断層を思いっきり意識してみましょう。活断層沿いには清水や温泉がわくことも多く、恩恵も受けています。活断層の動きによって平野ができて、美味しい米を作れるようにもなっています。

「活断層はどこを通り、その動きに伴ってどんな地形が生まれてきたか」……地震だけでなく、自然災害はすべてそうした地形の中で、起こるべくして起こります。こうしたことを考えていると「自然を見る目」が養われ、その中で生活する自分自身の「生きる力」を、今一度考え直すきっかけになるはずです。

【コラム】

「伊勢・伊賀・志摩・近江・尾張・美濃大地震の図」（「予防時報」2011）＊図は124P

幕末動乱期に起きた一連の地震のひとつに、伊賀上野地震がある。この地震が起きた嘉永7年は大変な年で、6月15日に起きた伊賀上野地震を皮切りに、11月4日には東海地震、翌5日には南海地震が起き、これを機に27日に安政と改元される。しかしそれでも治まらず、安政2年10月には安政江戸地震、安政5年には飛越地震が起きる。こうした連発は、まさに地震活動期と呼ぶべきものであり、これから数十年間に我々が立ち向かわなければならない状況なのかもしれない。

この図に描かれた伊賀上野地震は、嘉永7年6月15日（1854年7月9日）に、木津川断層が震源となって起きた内陸直下地震であり、地震の規模はM7・2～7・5程度であった。宇佐美（1996）によれば、死者は1308名（うち伊賀で625名）、負傷者1664名程度である。3日前（6月12日）頃から前震が続き、前日には一時地震が減り、15日丑刻に本震が発生した。

木津川断層に沿う集落では家屋倒壊率は40％を超え、倒壊家屋数に対する死亡数も1・1人／軒と異常に高かった。「地震の記」（伝藤堂藩郡奉行入交省斉自筆）によれば、「東村には長さ百間余に、横幅は六拾間余より二拾五六間迄、深さは何れも弐間余、田面しづみて水たまり、池のごとくなりぬ」とあり、断層の南側が沈下したことを記録していると考えられる（萩原編著、1982)。

今村（1911）は、地震の約50年後に木津川断層を調査して、地震時に地表に現れたと推定される崖を「三田村役場裏手ノ段違」として写真にとどめた。また近年、産業技術総合研究所はトレンチ調査を行い、この断層が比較的最近活動していることから、伊賀上野地震の際に活動したとみても矛盾がないことを確認している（苅谷ほか2000）。

この地震による被害はかなり広域に及んでいる。絵図には四日市や亀山付近で被害が大きかったことが強調されている。さらに奈良や大和郡山付近でも被害が大きかった。丹後の宮津・信州の伊那、大垣や岡崎でもかなり揺れ、妻籠付近でも「往還損じた」という。

木津川断層のみの活動でここまで広域的な被害が生じるだろうかという疑問もわく。各地に残る歴史記録を比較すると、余震を含めて数回起きた地震の揺れの大きさが場所によって異なっていることから、震源が複数の断層であった可能性があるとも言われている（萩原編著、1982）。16世紀の地震活動期に中部地方で起きた天正地震（１５８６年）の際にも、複数の断層が活動した可能性が指摘されている。こうしたことも地震活動期には起こりえるのかもしれない。

「伊勢国は東海道四日市宿をはじめとして、東は尾張、西は近江国、北は美濃、南は伊賀・志摩の国にいたるまで大地震」、「取わけ伊勢国四日市宿は震つよくして…家数九十軒余焼失す…橋々は落流れる」、「老若男女…慌てざらんものはなく…けが死亡の者凡五百人余…」。絵図の中には伊賀上野付近にも「この辺大損じ」とあるが、説明文中にその詳細は書かれず、東海道、伊勢道、中山道など、街道に沿う被害が強調されている。当時の災害情報の伝わり方としても興味深い。

伊賀上野の被害を報じた他の記録には人びとの阿鼻叫喚も記され、伊賀上野には慰霊碑も多い。そんな地震から一息ついたであろう５ヶ月後に、安政東海地震がこの地域に襲いかかり、さらに2～3千人とも言われる犠牲者を出してしまった。再びそんな悲劇を繰り返したくない。

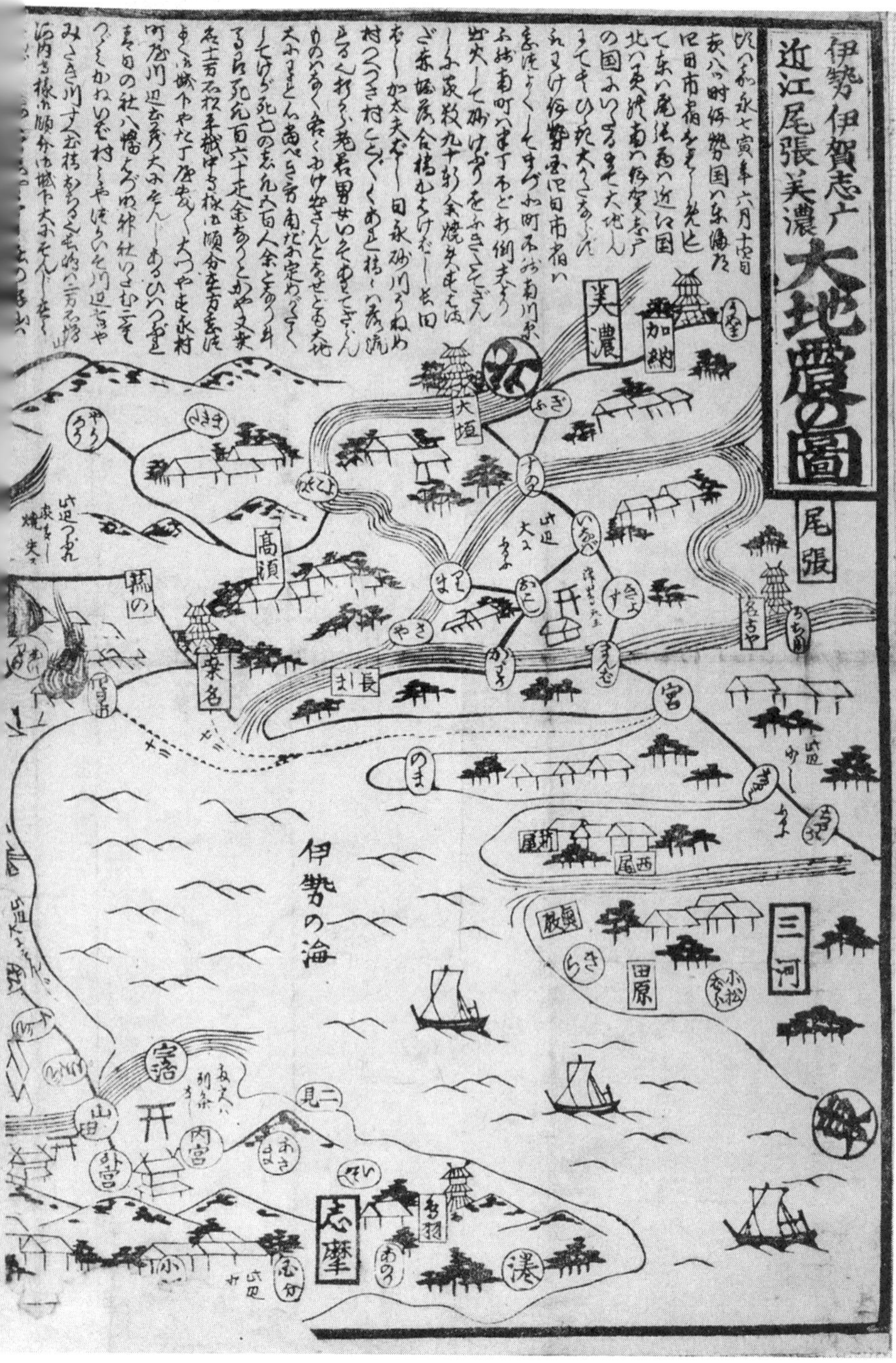
伊勢伊賀志广
近江尾張美濃
大地震の圖
美濃
加納
大垣
尾張
名古や
宮
桑名
高須
長島
四日市
伊勢の海
西尾
三河
田原
二見
山田
内宮
外宮
志摩
鳥羽
湊

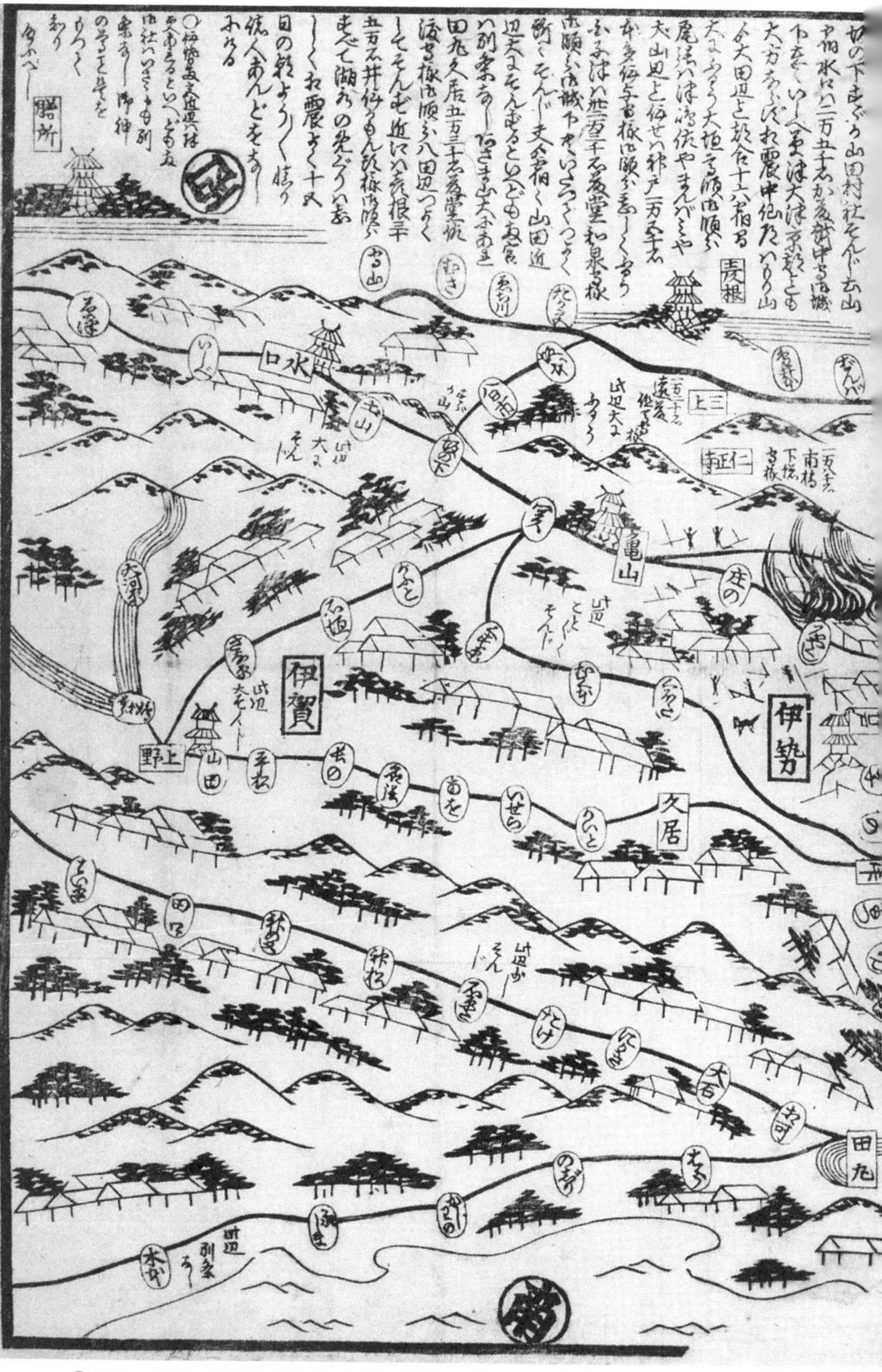

「伊勢・伊賀・志摩・近江・尾張・美濃大地震の図」鶴岡市郷土資料館蔵

第5章

原発の活断層問題 2011−2024

2011年3月11日、日本海溝においてM9・0の東北地方太平洋沖地震が発生した。M7・5〜8・0の宮城県沖地震の再来は予測されていたが、これほど大きな規模の地震は十分予測できていなかった。東北地方の太平洋岸を大津波が襲い、広範囲に大きな被害が生じた。2024年3月時点の集計結果では、直接死1万5900人、行方不明2520人。震災関連死は3800人を超える。

地震直後から福島第一原発は原子炉冷却用の交流電源が途絶えた。その後の津波で非常用発電装置も水没し使えなくなった。電力供給が途絶えたブラックアウトの状態になり、使用済み核燃料を冷却することができなくなり、翌日になって原子炉建屋が爆発し、大量の放射能を流出させた。原発から半径20キロの範囲（対象人口7・8万人）に立ち退き避難が指示され、ピーク時には16・5万人が避難を余儀なくされた。2024年2月時点でも2万6千人がなお避難を続けている。原発事故による避難は多くの人に苦痛を与え、多くの人命を奪った。地震と津波の想定が誤っていたことがそもそもの原因であることは間違いない。

さらに1ヶ月後の4月11日には、福島県いわき市南部を震源とする福島県浜通り地震（M7・0）が発生した。井戸沢断層、湯ノ岳断層、塩ノ平断層が活動し、地表に明瞭な地震断層が現れた。塩ノ平断層は未発見だったが、井戸沢断層と湯ノ岳断層は1991年時点で研究者によって存在が指摘されていた。これらの断層は福島第一原発に近いため、設置審査の段階で綿密な調査が行われているはずだったが、湯ノ岳断層は活断層ではないとされ、耐震設計上考慮されていなかった。その理由は、正断層だから現在の平均的応力場では再活動しないという解釈によるものだったが、従来の耐震審査指針等にはそのような解釈の妥当性は示されていなかった。ルールにはない判断をし、それが誤りだったということは二重の意味で問題が大きい。

国会事故調査委員会は、これまでの原子力規制を「規制の虜」と評した。これは本来規制側でありながら、電力事業者に慮って正しい審査ができていなかったことを厳しく糾弾したものだった。こうした状況の中で、新たな原子力規制体制を早急につくり上げることが求められた。

原子力規制庁による安全確認の責任一元化を

(「朝日新聞」私の視点　2011.9.11)

原子力規制庁(原文では当時計画されていた「原子力安全庁」)が環境省の外局として新設される。同庁に要求されるのは単に「中立性」や「独立性」だけではない。各原発の潜在的な危険性を自ら把握し、国民に対して安全を保障する「責任の一元化」が必要だ。そのためには、これまで電力会社に押しつけてきた、地震や津波に関する調査と評価を自ら担う体制を整備すべきである。

従来の原発は、よりによって活断層集中地帯につくられるなど問題が多い。立地場所が決まってから活断層調査を行うため、活断層の存在を否定しがちになり、後で見つかって耐震性が疑われるなどの混乱を招いている。国は活断層直上には建てないと公言してきたにもかかわらず、2008年の首相の国会答弁ではついに、「原子炉施設が活断層の上にあることのみをもって不適合となるものではない」と言うありさまだった。

福島第一原発は想定を超える地震と津波により大きな被害を受けた。活断層の問題と根は同じであり、「極めて稀ではあるが発生する可能性がある地震や津波によっても、施設の安全機能が重大な影響を受けるおそれがないこと」という耐震設計審査指針が守られていない現状を露呈した。他の原発の安全性についても疑念が持たれても仕方ない。

電力会社には活断層や地震の専門家はいない。活断層を探す調査において、肝心な場所のデータが不足し、審査の過程でやり直しが命じられることもある。当然のことながら、厄介な活断層を積極的に見つける姿勢にはならない。

同指針では、約12～13万年前以降の活動が「否定できないもの」は耐震設計上考慮せよとされている。学界などで活断層の存在が新たに指摘されたら、安易に否定せず迅速な対応が求められる。しかし多くの場合、存否に関する調査と審議が延々と続き、結論が先延ばしされる。危険性は放置され、膨大な調査費はすべて国民負担となる。

福島第一原発でも、2009年の国の審査で大津波対策の必要性が指摘されたにもかかわらず、対策が遅れて大事故を招いた。迅速な対応を可能にするためには、規制当局に専門的判断能力が必要である。責任が曖昧な審議会に依存していては、強い規制力など持てない。

今後は、地震・津波に関する調査計画から評価までを、広く社会や学界にも妥当性を問いつつ、国が一元的に行うべきである。これにより危険性の把握と安全対策の迅速化が初めて可能になる。高い専門性を有する職員を配置し、原子力規制庁が安全確認の全責任を担わない限り、国民の信頼は回復しない。

大飯原発再稼働における耐震性評価の問題

（「共同通信」識者評論　2012.6.9）

東日本大震災後の東京電力福島第一原発事故は、自然の脅威を過小評価して、安全性より経済性を優先したことにより起きた人災の側面が大きい。大飯原発再稼働の是非もその反省に立って見直す必要があり、政府は耐震安全性に関する説明を尽くし、判断の合理性と客観性を保証すべきである。

原発近くの活断層の存在は議論の焦点であり、多くの原発で「見落とし」が指摘されている。2006年の耐震指針改定時にも問題になり、従来は活断層がある確実な証拠がなければ無視してきたが、今後は可能性が否定できないグレーの場合も考慮せよとされた。2008年には活断層審査の「手引き」を原子力安全委員会が作成したが、なかなか徹底されない。その後、敦賀原発の敷地内を活断層が通過することが判明し、派生する断層が原子炉の真下にもあるという深刻な状況も指摘され始めた。

大飯原発については、敦賀原発とはややレベルが違うが、設置許可申請書等の公開資料を見る限り、海域にある長大な海底活断層と陸上の活断層との連続性、原発近くの活断層の存否、敷地中央を横切る破砕帯の性状などに関して、疑義を挟む余地があり、説明が尽くされているとは言いがたい。

これまで、活断層は地震の揺れの原因としてのみ考慮されてきた。長い活断層が一つあればそのために設計強度を高めるので、短い活断層が近傍にあるか否かは重要視されなかった。しかし、敦賀のように直近に活断層があれば、派生する断層が一緒にずれて原子炉建屋を破壊する危険性も無視できなくなる。大飯原発も若狭湾の活断層密集地帯に位置しており、福島事故後の慎重な目で破砕帯の再調査が急務である。

安全判断の手続き上、最大の問題は、調査をすべて電力会社に委ね、政府が責任を負わない点にある。活断層調査は、調査計画が成否を決める。地形の成り立ちから活断層の存在を判断する変動地形学的手法が一般的であるが、原発の場合は地質学的手法により追認されたものだけを重視する。後者の手法の有効性は高いものの、調査位置が数メートルずれただけで誤った結論を招くおそれがある。

積極的に活断層を見つけようというスタンスと適切な調査設計がなければ、正確な判断はできない。活断層を否定する結論のために準備された資料からだけでは、十分な検証は難しい。近年は多くの審査委員が疑義を挟むようになったが、自前で調査できないため再調査を命ずるだけとなり、問題解決が遅れる。

福島の教訓を生かすタイミングは今しかない。事業者に調査を任せて、責任の曖昧な審議会に判断を委ねるのではなく、今後は原子力規制庁に専従の調査官を配置して、政府の責任で調査を行い、安全性に関する国民への説明を行うべきである。必要最小限の追加調査を行いつつ、全原発周辺の活断層見落としの有無を短期間で確認することは難しくない。原発耐震指針と「手引き」を順守して、安全最優先の立場で判断を下せばよい。

政府が重責を担って初めて中立性・合理性が確保される。こうした本質的な改革をせず、多くの不信感を抱えたまま大飯原発を再稼働すれば将来に禍根を残してしまう。

（「毎日新聞」2012.7.6）

活断層を正しく畏れ、被害を最小に

「臭いものに蓋」という発想は防災にとってマイナスである。東日本大震災は決して未知の地震ではなく、起こり得るという警鐘は鳴らされていたのに、政府や東電は経済効率を優先させて想定から外した。その結果、深刻な国難を招いた。

科学者は災害発生の嗅覚を磨き、警告する自信と使命感を持たなくてはならないが、実際には、研究至上主義や社会の流れに迎合したことなかれ主義に陥りやすい。こうした構造を改めなければ、真の「安全安心」社会は構築できない。

活断層は「臭いもの」の代表だ。多くの原発やその関連施設は、若狭湾や下北半島などの活断層集中地帯に立地させてしまったため深刻な問題を抱える。敦賀原発のように、敷地内を活断層が通過し、派生する断層が原子炉直下に延びることすらある。学界ではずっと前から指摘されてきたが、電力会社と政府は否定し続け、原子炉の増設を繰り返し、最近になってやっと認めざるを得なくなった。

街だって危ない。1995年の阪神・淡路大震災では、都市直下の活断層（六甲断層）が地震を起こし、6000人以上が死亡した。その約15年前に松田時彦東京大学名誉教授は、六甲断層を「要注意断層」と指摘していたが、市民に知らされることはなかった。神戸市の防災計画においても震度5まで考慮すれば十分とされていた。大阪も京都も名古屋も、そもそも活断層の活動によってつくられた平野に位置していて、いずれは活断層地震に見舞われる。次の南海トラフ地震の直前・直後に内陸の活断層も動きやすくなるという警告もある。

活断層は日本には２０００本近くあり、その近傍２００ｍ以内に２９０万人が住んでいる。まず自分は対象地域内かどうかを知ることが必要で、もしそうなら家を頑丈につくらなくてはならない。断層の真上は地面が切れるためさらに問題が大きく、住まない方がよいことは明らかである。

活断層とうまく共存することは日本の宿命でもある。残念ながら被害をゼロにはできないため、何を守るべきか議論する必要がある。原発はもちろんのこと、不特定多数の人が利用する学校や病院などを活断層の直上に置くことは禁止すべきだ。鉄道などの長大な線状構造物が活断層とクロスすることはやむを得ないが、被害を最小限にとどめる工夫が求められる。

活断層は日ごろ、何も悪さをしないし、むしろ平野をつくるなどの恩恵をもたらしている。活断層を正しく畏れ、後悔を極力減らす努力が大事ということに尽きる。

活断層調査は緊急課題

（「読売新聞」論点　2012.8.21）

全国各地の原子力発電所周辺で活断層が見落とされている疑いが浮上している。活断層の見落とし問題は２００５年頃から顕在化し、２００６年には新たな耐震審査指針（新指針）が制定されて活断層評価のルールは厳しくなったが、いまだに見落としの懸念を払拭できていない。新たに発足する原子力規制委員会による活断層と原発の総点検は緊急課題である。

活断層審査が不十分だった背景には、活断層研究の進展が原発開発よりやや遅れたこと、立地審査後の耐震審査の段階でしか活断層調査が行われないこと、原発は丈夫に設計されるので活断層の存否はさほど重要でないという認識があったこと、などがある。今後は、活断層を十分想定し、それでも原発が大丈夫だと確認できない限り、原子力への信頼回復はない。

審査体制にも問題がある。規制組織に十分な専門的独立性を担保できる職員はいない。活断層調査はすべて事業者に任せ、委員の選任基準も不透明なまま、時に厳正さに疑問がもたれる審査が続けられてきた。

筆者は２００７年から3年間、原子力安全委員会の下に設置された「活断層審査の手引き」

を作成する委員会に参画した。新指針の精神を具体化し、審査基準を厳格にするルール作りが行われたが、一部の委員からは、新ルールによって既存原発が不適格にならないよう配慮する意見も相次いだ。

「原発直下に活断層がないことを確認せよ」と明文化することにも強硬な反対があった。政府は「活断層の直上には原発をつくらない」と国民に対して説明してきたが、明確な規定を持っていない。最終的に手引きの文書には「（活断層の真上に原発があるという）事態は想定していない」と記されるのみとなった。最近、相次いで発覚している原発直下の活断層問題は、現行ルールでは審査対象外となって、国の審査責任が放棄されかねない。

こうした状況を抜本的に改めるため、独立性の高い活断層審査を一般の耐震審査から切り離し、原子力規制委の下に専門委員会を設置して審査すべきである。委員選任の際には学会など中立的組織から推薦を仰ぎ、選任基準を明確にしなければならない。必ずしも原発に精通する必要はない。中立性に疑念をもたれかねない経歴の委員は選任されるべきでない。

耐震指針や手引きなどの規定も見直す必要がある。厳格な審査を実現させようという精神に問題はないが、既存原発への配慮から表現が曖昧な箇所も多い。規定の厳格化も原子力規制委に託された課題である。

規制委とその事務局となる規制庁は、米国の例にならい、政治的独立性だけでなく専門的独立性を確保する必要がある。専門職員を配置することにより、活断層調査の主体的な実施、審査会の審議内容の把握、適切な外部評価の導入ができる。活断層の見落としは遠い過去の問題ではない。現状の審査体制に問題があるからこそ、いまだに解消できていないのだ。決して現行の体制のまま看板だけを掛け替えてはならない。

（「東京新聞」2012.9.23）

活断層の厳格な再審査を

今後の原発のあり方を議論する前に、活断層を総点検することが必須である。綿密に調査、審査されてきたはずなのに、活断層の見落としが発覚している。原子力安全委員会はこの問題を早急に検証し、厳格な再審査により安全確認を実施してほしい。

問題が起きた第一の原因は、福島原発事故に関する国会事故調査委員会の報告にもあるとおり、電力会社など事業者と審査体制との間の不適切な関係にある。２００６年に審査指針等が改訂された際にも、古い原発が違反状態にならないよう、事業者のみならず審査委員がルールの厳格化を妨げた。審査体制の中立性をいかに担保するかは、信頼回復に向けた最初の関門である。

第二は、審査ルールよりも審査委員の個人的見解が優先されたことにある。活断層の定義すら曖昧だった。審査指針には「後期更新世以降（最近約12ないし13万年間）に活動した可能性の否定できないもの」と明記されているが、揺れによる被害防止に主眼を置くため、「地震を起こす長い断層のみが活断層だ」と主張する人もいる。短い断層でも敷地内にあればズレによる深刻な被害が起きる。活断層を狭く定義すると危険性を見落としかねない。「可能性の否定できないもの」という点も重要だ。調査ですべてわかるとは限らない。「グレーはクロ」と慎重に判断すべきとされてきたのに、この原則は守られていない。

第三は、審査規定の不備だ。敷地内の破砕帯が活断層かどうかを早急に見極めなくてはならないが、決め手となる調査手法や判断基準が明確に示されていない。活断層の上に建設することを禁ずる規定すらない。国際原子力機関の安全基準では、断層を広義にとらえ、直上への建設を明確に禁じている。「わが国は地震国のため、国際基準では厳しすぎる」との意見もあるが、それは逆だ。

安全を確認するためには、①活断層の定義を明確にし、②調査や判断の基準をルール化し、③真上に建てないなどの禁止条項を明確にする以外に方法はない。原子力規制委は従来の体制を一新し、学界等、中立な第三者の意見も聴いて、抜本的な改革をしてほしい。

原発事故を二度と繰りかえさないために ―新規制基準の制定―

（「科学」2013年3月）

原子力規制委員会の検討チームは、1月末に「新安全基準（地震・津波）骨子案」をまとめた。今後パブリックコメント等を経て7月には正式決定される。2011年の東北地方太平洋沖地震のような、千年に一度とも言われる低頻度の巨大地震とそれに伴う津波によっても、深刻な原発事故を二度と起こさないようにするため、従来以上に厳しい基準が必要である。今回定められる基準は、従来の審査指針のような弱い規定ではなく、省令レベルの強制力のあるものであり、既存施設もこの基準に合致しなければ運転継続は認められない。

筆者は検討チームの一員としてその作成に関わった。福島第一原発の事故は津波のみが原因であるとの見方もあるが、検討チームは、地震動対策も必ずしも十分ではなかったとする意見も考慮し、低頻度の大地震の脅威にいかに向き合うべきかを改めて議論した。その結果、極めて稀ではあるが起こり得る最悪の事態を無視しないことが徹底された。また、地震動や断層の挙動を予測する科学の限界も考慮して、断層の真上などのように、何が起こるか十分に予測できない場所は「避ける」ことを明記した。活断層直上に重要施設を置くことを禁止し、基盤の岩石を切るような地滑りも同様とした。断層の真上でも工学的に耐えられると判断できれば良しとすべきだという従来型の意見も強かったが、安全を保障できるものではないとして採用しなかった。このことは、これまでの原発建設が条件の悪い場所でも技術力で克服することを目指したのに対して、こと原発に限っては不確実さに伴うリスクを避けるという設計思想を打ち出したという意味で、画期的である。

活断層の認定についても厳格化が図られた。2006年の指針改定により、耐震設計上考慮する活断層は、「後期更新世以降の活動が否定できないもの」と定義され、可能性が否定できないグレーの場合はクロと評価すべきとされた。しかしそのことが徹底されないまま今日に至り、活断層認定をめぐる混乱を引き起こしている。すなわち活断層ではないとするためには、後期更新世以降に「活動していない証拠」を提示する必要があるにもかかわらず、「活動した証拠がない」ことをもって活断層の可能性を否定してきた。

こうした誤った運用を避けるための方策として、活断層の定義を一般の科学的理解に揃えて「最近の40万年間に活動したもの」とし、検討範囲を拡げることで見落としを避けることが提案された。最近40万年前以降に活動しているような断層はいわゆる活断層であり、そういうものは（10万年を超える活動間隔の活断層は知られていないこともあり）最近12ないし13万年間にも活動しているはずで、それが見落とされている可能性が高いという考えが背景にある。しかし、定義を変更することへの反対も多く、最終的には定義変更は見送られた。骨子案には、12〜13万年前以降の活動が明確に判断できない場合には40万年前まで調べて判断するように記載されたが、この表現には曖昧さが残り、混乱が起きかねないという懸念もある。そのため後発で整備されるマニュアルにおいて、①原則として40万年前までは調べること、②40万年前以降に活動が認められる場合には、活断層と判断すべきこと、などを規定する必要がある。

今回の骨子案に対して、「厳しすぎる」という強い反論が予測され、原案のまま決定に至るかどうか予断を許さない。しかし、ルールを厳しくし、それをクリアできてこそ、原子力発電への信頼を回復する道も開ける。現状の骨子案の内容は、今日の科学技術水準を真摯に見つめた結果である。

「原発と活断層」をめぐる「科学」の扱い

（「科学」2013年11月）

原発の安全性を確保するために活断層のリスクをどこまで考慮すべきか。これは単に科学や工学の問題ではなく、東日本大震災の教訓も踏まえて社会的な合意の下に決められるべき問題である。決して今始まった議論ではなく、阪神・淡路大震災以後、旧原子力安全委員会の下で長年にわたって議論されてきた。それらにもとづき、さらに東日本大震災の反省も踏まえて、原子力規制委員会は新たな規制基準を（必ずしも最高水準の安全性確保を規定できていないという批判もあるが）、2013年7月に正式な手続きを経て決定した。この期に及んで「経済効率こそ重要で、活断層のリスクくらいは許容すべきだ」との乱暴な主張も聞かれるが、もはや議論を繰り返している場合ではなく、社会的に合意されたルールを粛々と順守する段階にある（拙著『原発と活断層』岩波科学ライブラリー参照）。

新たな規制基準は従来の規則を踏襲して、重要構造物の直下に「将来活動する可能性のある断層等」があってはならないことを明確に規定している。軟弱な断層粘土を伴っているなど、疑わしい断層がある場合には、それが活断層でないことを証明することが求められる。可能性が否定できなければ、「ある」ことを前提に対処しなければならない。

ルールが厳格になればなるほど、活断層の存否に関する事実認定の議論が紛糾する。「不都合な真実」を否定するため、一部の事業者は規制委員会の判断を科学的でないと批判し、「科学」に責任を押しつけようとする。これは9世紀の貞観地震の再来を対策上考慮すべきであったにもかかわらず、その予測に十分な根拠がないとして想定から外し、その結果、重大事故を招いた構図と同じである。福島第一原発事故を目の当たりにした今、こうした構図を繰り返さないようにすることは、原発規制の基本である。

科学においては、データの質と量を明確に分けて議論される。質の低いデータでも、量が増えれば説得力が増すと勘違いされやすいが、科学的には結論の確度を高めない（地層の年代特定において火山灰の含有「率」の低さが問題になっている敦賀原発はその好例。データの「量」だけ増えても結論は変わらない）。可能性を否定する「かもしれない」というレベルのデータは、いくら積み上げられても意味がない。学術論文を査読する場合の本質はそこにあり、「活断層ではない」ことを裏付ける確度の高い証拠が本当にあるかどうかだけが重要である。冗長な説明は判断の妨げになりかねない。さまざまな状況証拠から真理を求め、説明責任が果たせる結論を下すことが科学の本領であり、その判断は中立な立場の科学者にしかできない。

また規制基準の文言解釈に固執することは間違いである。重要なことは安全確保の精神であり、単に文言上セーフかアウトかの議論はすべきでない。規制基準は従来の規則に準じて、後期更新世以降（約12万～13万年前以降）の活動が否定できなければ「将来活動する可能性のある断層等」として考慮することを求めている。最後に活動した時期を厳密に特定することは一般に難しいことも指摘し、その時期より古い（ように見える）活動も慎重に考慮することを求めている。したがって、「活動時期が後期更新世より多少古い（ように見える）から活断層ではない（将来活動しない）」という判断は軽率であり、社会的に合意されたルールに反している。

事業者は、「活断層でないことを証明することを目的に調査する」と言う。「ある」ことを念頭に置いた調査と、「ない」ことを前提とした調査は違う。いかなる理由があろうとも、恣意的なスタンスは「科学」に反し、調査計画自体の妥当性が疑われかねない。不都合であればあるほど、存在するかもしれないという前提で慎重に調査されなければならない。

原子力規制委員会は、新規制基準への適合性を判断しようとしている。再稼働できる原発かどうか、その結論を国民が信頼するか否かは、「科学」および「ルール」と真摯に向き合っているかどうかに尽きる。

敦賀原発の断層が動けば大事故につながる

（「共同通信」視標　2024.7.31）

日本原子力発電敦賀原発2号機（福井県）の原子炉直下にある断層は将来活動する可能性があるという結論が、原子力規制委員会の審査チームから出された。規制基準にのっとる妥当な判断である。かつて私も参加した規制委の外部有識者会合は、2013年に同じ結論を出していた。その後に規制委による審査が始まり、これが長引く間、2号機の燃料プールには使用済み核燃料が千体以上残され、もしも直下の断層が動けば大事故につながる危険も懸念された。

国民が期待するのは単なる許認可ではなく、安全性の確保である。規制委は、すぐ動くかもしれない活断層に対して緊張感を持って迅速に判断し、危険性を除去するとともに、廃炉を迫られる日本原電や地元経済への支援を、政府中枢に対して強く促してほしい。政府にはこれまで設置を認めてきた責任がある。

2012年に新設された規制委は中立性の高い外部有識者に検討を委ねた。同年12月に現地調査を行い、直後の第1回検討会合で上述の結論に達し、2013年5月には規制委も了承した。しかし「一方的な決めつけ」という日本原電の反発や、「外部有識者会合に法的根拠はない」という政治家からの批判も強まった。２０１５年秋、日本原電の申請を受けて規制委は審査を始めたが、保安規定違反や断層調査データの書き換え問題などがあり、大幅に遅れた。

原発再稼働は重要事項のため審議に時間をかけるべきだとの主張もあるが、冗長な審査は安全を損なう。２０１４年の退任までこの問題を担当した島崎邦彦委員は、1号機建設から40年間、敷地内の活断層が動かなかったことは幸運と考えるべきだと述べたが、今や50年を超えた。敷地内を通る日本有数の活断層「浦底断層」も懸念される。どうすれば審査を迅速に行えるか、危機感を持って再考すべきだ。

そのためには今回、原子炉直下へ続くと判断された「K断層」に学ぶ必要がある。Kは規制委の頭文字に由来する。現場には日本原電のGを冠した「G断層」もあった。２０１２年の現地調査で日本原電は、G断層は古いため活断層ではないと主張した。その隣にあるK断層の詳しい説明はなかったが、われわれはこれを観察し、活動時期が新しいことに注目した。最終結論の鍵となったK断層は、有識者による独自調査がなかったら見逃されていたかもしれない。

現在、日本の規制委は断層に関して主体的な調査を行っていない。事業者のみが調査して見解をまとめ、その見解を審議している。しかし事業者は、断層の活動性を否定するための調査をする立場であり、K断層の情報が積極的に出てくることを期待できない。K断層を見逃さな

図 27　原子力規制委員会有識者会合（左から２人目は発言中の筆者、2013 年 5 月 15 日、共同通信社提供）

いためには、規制委が主体的に調査する必要がある。それができなければ、せめて規制委が調査計画を立てて事業者に実施を委ね、解釈を加えない客観的データを報告させ、独自に評価を下すべきである。

かつて外部有識者が1回の審議で判断したように、断層の活動性評価にさほど時間はかからない。迅速な判断こそが安全確保のためにも、事業者支援や地域振興のためにも必要であることを再確認し、審査体制を強化してほしい。

第6章

「想定外」を繰りかえさないために

2011―2024

東日本大震災の「想定外」問題について

（「地理」２０１１年６月）

大地の営みの凄まじさに絶句し、厳しい日本の風土の中で「生きる術」を見直さなくてはならないと、多くの日本人が感じている。今回の地震はM９とされ、「未曾有の災害」を招いた。防災行政はもとより、原発関係者までもが「想定外だった」という。絶望感の表れとして共感を招きやすいこの言葉を報道機関も多用する。しかし、本当に誰も予想できない「未知の災害」だったのだろうか？「想定外」という言葉が責任回避のために使われてはならない。このことは災害を克服して「生きる力」を考える議論の原点のひとつである。

(1) 予測がはずれた2つの理由

国の地震調査研究推進本部（以下、地震本部）は、日本各地の地震発生ポテンシャルを整理して、今後の近い将来における地震発生予測を行っている。宮城県沖では今後30年以内にM７・５～８・０の地震が起こる確率が99％であるとして、地震防災の充実を促してきた。今回の地震発生直後、その予測通りに地震が起きたとも思われた。

しかし、地震の規模は予測をはるかに超え、地震発生確率が7％以下と推定されていた福島県沖や、確率は90％だがM６・８程度しか起きないとされていた茨城県沖までもが震源となり、M９の超巨大地震となってしまった。

予測がはずれた理由は大きく2つある。ひとつは、１９６０年にもM９の地震が起きた南米チリの沖合に比べて、日本海溝付近はプレートの沈み込み方が異なるために、M９ほどの地震は起きないという、「比較沈み帯モデル」があったためである（島崎 2011）。

チリ沖では比較的若い海洋プレートが沈み込むために、陸のプレートとガッチリ組み合ってしまい沈み込みにくいが、日本海溝では比較的古い海洋プレートが沈み込むために、比較的スルスル沈み込む。ガッチリ組み合っているチリ沖の場合には、沈み込んだ分だけ地震の際に跳ね上がるため、地震時のずれ量が大きく、M９の地震になり得るが、スルスル沈み込む日本海溝の場合には、沈み込んだ分だけすべて陸のプレートを歪ませるわけではないため、地震時に跳ね上がる量が少なくなり、地震の規模は相対的に大きくならないという解釈である。思えば、２００４年スマトラ沖地震の際にこの仮説が一部破綻していたにもかかわらず、抜本的見直しには至らないまま、今回のM９地震の発生を迎えてしまった。

もうひとつの理由は、過去の地震の教訓が十分に活かされていなかったことにある。８６９

表1　東日本大震災以前に貞観地震を報じた報道記事

[古文書研究の成果]
1994/10/17 河北新報、1995/10/04 河北新報、1996/1/12 毎日新聞、2000/9/15 河北新報、2000/9/17 読売新聞、2005/1/26 中日新聞、2005/6/23 毎日新聞

[津波堆積物調査の結果]
2006/7/1 共同通信、2006/7/2 岩手日報、2006/7/2 産経新聞、2006/10/7 河北新報、2006/10/21 河北新報、2007/9/4 河北新報、2007/10/8 河北新報、2007/10/11 読売新聞、2007/10/26 河北新報、2009/2/21 朝日新聞、2009/7/27 産経新聞、2009/12/3 河北新報
2010/3/1 産経新聞、2010/5/24 毎日新聞、2010/6/2 読売新聞、2010/6/4 毎日新聞、2010/6/11 河北新報、2010/11/7 朝日新聞、2011/2/3 NHK テレビ

年貞観地震の際、津波が内陸まで入り、多賀城で溺死者が千人以上出たことは古くから古文書によりわかっていた。被害分布の広がりから、M8・0〜8・5程度と推定された。仙台平野では数キロ内陸まで津波堆積物が見出されることから、津波の高さは「3m＋数m」と推定されることは、1990年の地震学会誌に発表されている（阿部ほか 1990）。この後、2002〜2009年には地震本部の重点調査として、津波堆積物調査が集中的に行われ、三陸海岸から福島県沖に至る広域に津波堆積物が見出されることも判明していた（宍倉ほか 2007）。また、1611年にもM8・1の地震が起こり、伊達藩で1783人が死亡し、阿武隈川沿いで7㎞内陸まで津波が入り、津波の高さは6〜8mであったとも推定されている（羽鳥 1975）。

貞観地震に関する新聞・テレビ報道は30回を超える（表1）。おもな報道タイトルは、「3キロ内陸まで津波が到達、9世紀、東北から関東襲う」（2006年7月1日、共同通信）、「貞観地震：震源域長さ200キロ？ 福島県南部沖まで、9世紀中ごろ」（2010年6月4日、毎日新聞）、「1100年前の「貞観津波」〝インド洋大津波級〟、東北大調査」（2011年2月3日、NHKニュース）などである。

地震本部の地震調査委員会は、かつては記録の充実する1600年代以降の地震の繰り返しから近未来を予測しようとしていた。しかし近年は方針を改め、貞観地震も考慮に入れた地震予測情報を2011年4月に発表し、巨大地震に対する警告を促そうとしていた矢先だった。

(2) そもそも「想定外」とは？

多用される「想定外」という言葉には、人知を超える「未知」、人為的な「未想定」、さらに「未周知」という3つの意味が混同されている（図28）。「未想定」は研究途上であり異論も残るような場合や、多くの報道もあってほぼ定説化していても、対応が容易ではないために想定が間に合わない場合等である。「未周知」は、危険性が明らかであることから対応すべきであるのに、一般市民に対する防災啓発や、ハザードマップへの反映が行われていない場合である。

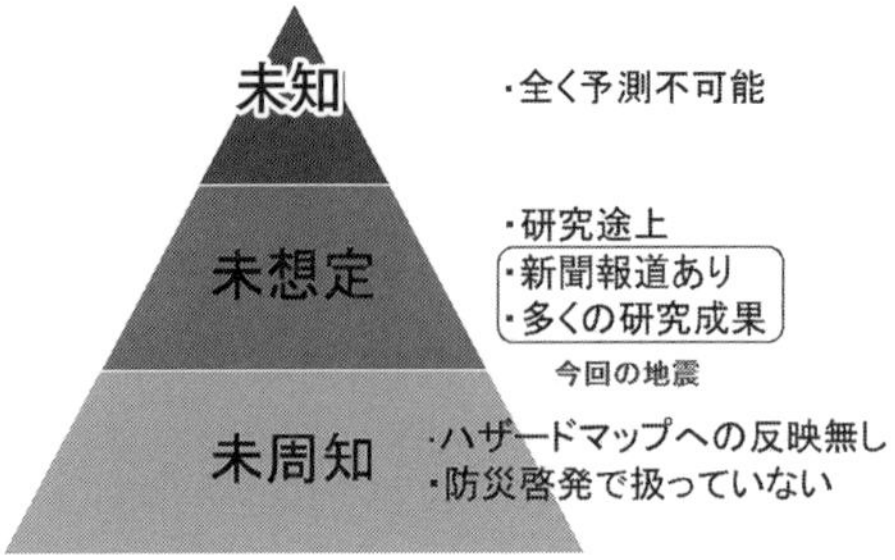

図28　「想定外」の３つの意味

今回の大震災を招いた東北地方太平洋沖地震が貞観地震と同規模であったかどうかは議論が残るものの、貞観地震の際にも、三陸から福島県南部まで大津波が襲ったことは明らかであり、その報道も数多く行われていたことからすれば、今回の災害は「未想定」というべきものであった。

想定される災害の大きさに応じて、「適正な防災水準」とは何かの議論も重要である（図29）。一般の防災においては、「確実に起こる」とされる災害レベルに十分対応することが必要であり、「起こる可能性が否定できなくてもきわめて稀にしか起こらない」という災害レベルに正面から備えることは難しい。堤防を高くして安全性を高めることは是であっても、それによって水面が見えなくなってしまっては、生活環境の快適性の観点で問題が生じる例でも明らかである。

しかし、原子力発電所等の重要構造物においては、「可能性の否定できないレベル」まで考慮することが当然求められる。２００６年に改訂された原発耐震指針においては、「施設の供用期間中にきわめて稀ではあるが発生する可能性があると想定することが適切な津波によっても、施設の安全機能が重大な影響を受けるおそれがないこと」と規定されている。この改訂を受けて実施された、原子力安全保安院と原子力安全委員会による福島第一原発の再点検（いわゆるバックチェック）において、上記の指針の文言が厳密に適用されていない点に重大な瑕疵《かし》がある。

もし仮に、貞観地震は「きわめて稀ではあるが発生する可能性がある」にもかかわらず、「想定することが（対策の費用対効果等の理由で）適切ではない」と判断していたとすれば、そのことを明確に示し、その判断の是非を明らかにして、今後の教訓として残すべきである。「想定外」の真意を確認することはきわめて重要である。

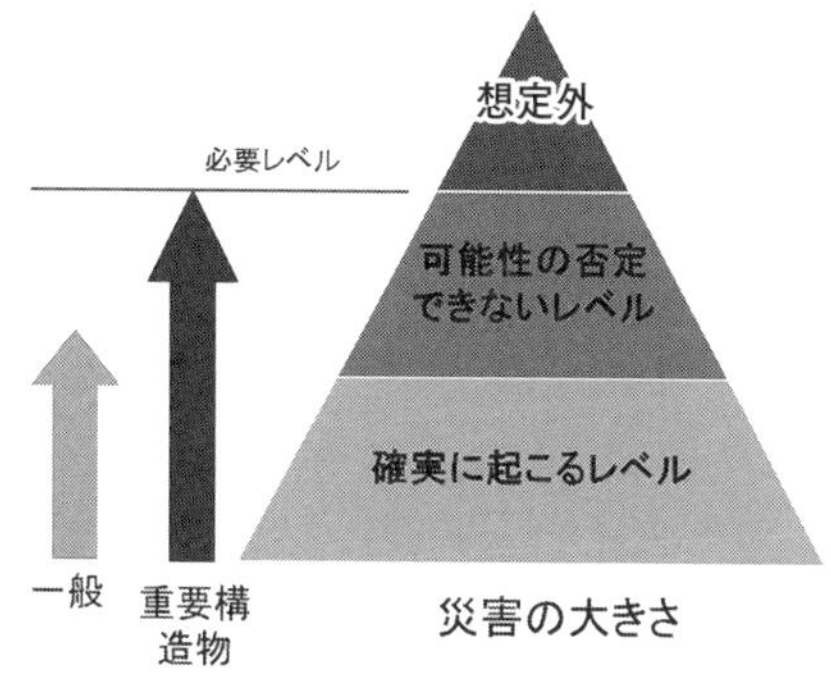

図 29　適正な防災水準

（3）災害予測の責任と課題

筆者自身、地震発生予測に携わることの責任の重さを、これほどまでに痛感することは未だかつてなかった。活断層研究や古地震研究は、「過去の出来事を明らかにすることは将来予測において重要」といい、研究の重要性を主張してきたが、人の命の重さを背負って本気でそれに取り組んできただろうか？ とくに理学系の研究者は、都合のよいときだけ防災への貢献を口にしつつ、真面目に防災を意識することは純粋な研究の妨げになりかねないといって、避ける傾向すらありはしないか？

古地震研究の重要性が今回注目されたが、そうした研究が足らなかったことに問題があったのだろうか？ その防災上の意義を声高に語らなかったことに問題があったのだろうか？ 今後、研究を充実させれば今回のような悲劇を減らすことができるのだろうか？……自問自答を繰り返しているが、おそらく答えはいずれも「否」であると思う。

今後重要なことは、①予測の精度を高める目的達成型の研究を行うこと、②予測にかかわる研究者は「予測の限界や予測の幅」に十分言及すること、③対策を検討・実行する者は「幅」を積極的に聞くこと、である。予測研究を行う理学研究者は「わかったことだけ主張したい」という癖があり、対策を検討する側は、天変地異の大きさが検討の出発点であるため、曖昧さを好まない。また防災啓発をする者も、検討結果をシンプルにして、対策をマニュアル化することが大事であると主張する傾向にある。

ハザード評価→対策決定→住民周知という一連の流れの中に、縦割りの弊害も強い。これは原発耐震においても同様である。「自然の営みを人間は理解しきれない」という謙虚な心をもち、防災・減災対策に余裕をもたせなくてはならない。これは未曾有の東日本大震災が発する重要な教訓である。

東日本大震災の「教訓を生かす」とは？

（「予防時報」2013年10月）

東日本大震災から2年以上が経過した。震災の教訓は生かせるのだろうか？ 喉元過ぎて、国民の大半において他人任せになっていないだろうか？

地震・津波によって多くの人命が失われ、「想定外」の巨大地震と津波によって深刻な原発事故が発生した。その発生リスクを防災の舵取り役は知らなかったわけではない。「想定外」

を招いた理由は、地震研究や津波対策の遅れのせいにされがちであるが、本当は違う。いくら科学や技術が進んでも、それだけで「想定外」が防げるわけではない。最大の原因は、大災害に対する社会の想定力の弱さと、無防備で危険な場所に関する情報不足と、防災対策の責任に関する主体的使命感の弱さにあった。この問題の解決に本気で取り組まないなら、「教訓を生かす」ことはできないのではないか。

貞観地震のような稀な大災害は厄介で、その再来には目をつぶりたくなる。災害にとくに弱い場所はどこかという情報も敬遠される。原発をめぐる活断層の問題は同根である。少なくとも1995年まで通産省資源エネルギー庁は、原発の安全性を説明した国民向けパンフレットに、対策の第一として「活断層の上にはつくらない」と書いた。しかし実際には守られていなかった可能性が濃くなり、旧原子力安全保安院は問題を指摘し、原子力規制委員会に引き継がれた。

筆者はこの件で規制委員会に協力することになったが、既存原発直下にある断層評価は苦しい。このような状況がなぜ生まれたのか？　誰の責任なのか？　と叫びたくなる。従来は責任の所在が曖昧だった。一義的には事業者に調査責任があったが、原子力安全保安院や原子力安全委員会がその結果を追認してきたのだから審査側の責任も免れない。

活断層とは、将来ずれる可能性のある断層であり、重要なことは判断基準である。従来は審査指針という緩いルールしか持ち合わせていなかったが、規制委員会の下で強力な法整備が進み、2013年7月には規制基準が施行された。かつては外部委員による審議会形式で審査され、審査委員自身が審査指針を自己流に解釈することもあった。今後はこうした曖昧な運用は許されない。活断層評価に規制委員会は責任を負うことになり、誤りが見つかった際には規制基準が順守されていたか否かが重く問われる。

状況が大きく変わった中で、事業者やかつての審査委員が、新規制基準やそれに則った判断を批判している。安全性の判断が慎重すぎて運転できなくなる原発が増えれば、経済発展を妨げるというのがその主旨である。

しかし、安全性の担保こそ最優先であり、国民に対する説明が最重要である。新規制基準は「科学の限界を考慮した安全側判断」を常識的に求めている。福島の重大事故の教訓を忘れるわけにはいかない。大震災後において、活断層認定に曖昧な「さじ加減」は通用しない（拙著『原発と活断層』岩波書店）。

ところで私は地理学を専門として、災害問題を考えている。20世紀においては頻繁に起こる中小規模災害には十分克服できるようになったが、低頻度巨大災害への備えは未だに克服できていない。このことは阪神・淡路大震災の時に痛切に感じたことである。

重要なことは中長期的な災害発生様式を知った上で、地域特性（とくに脆弱性）に応じて「地域の線引き」を行い、それを防災の方向につなげることである。

津波ハザードマップに津波遡上ラインを描くと、その外の人が安全だと勘違いするから逆効果だという意見がある。ハザードマップ不要論すら飛び出しているが、私は反対である。問題は線の精度であり、十分な説明責任を果たしながら、真剣に精度と表現方法を追求すべきだ。

また、マップは一人歩きしがちで、誤解されやすい。洪水ハザードマップを見て、大河川沿いなどでは「逃げ場がない」と感じている人も多い。その図はさまざまな氾濫パターンを重ねたものであり、実際に全域が水没するのではない。筆者は「リスク合算型」と「個別災害表現型」を区別することを提唱しているが、その違いはなかなかわかりにくい。

２０１２年3月末に内閣府は新たな南海トラフ地震の震度予測図を発表し、２００３年版と比較した。その結果、震度7の面積が20倍になって大変だ、と盛んに報道され、社会に衝撃が走ったが、２０１２年の図はリスク合算型で、２００３年の図は個別災害表現型だった。両者はそもそも別物で、比較してはいけないものだった。

21世紀に入り、ソフト対策の重要性や情報公開の原則の中で、ハザードマップが行政側の都合で盛んに作られ、国民は「ハザードマップ洪水」に溺れている。どのような「一人歩き」が起きているか、検証される必要があろう。

本来、ハザードマップは災害危険性を国民ひとり一人に伝える「伝家の宝刀」とも言えよう。健康診断の結果は知りたい人に伝えることが原則であるように、せっかくのハザード情報も知ろうという意思のない人に伝えても逆効果になりかねない。国民の立場に立って、情報の必要性を丁寧に説明することから始めるべきだ。一方的なハザードマップ提供が招いた「一人歩き」によって、東日本大震災で命を落とした人がいたかもしれない。重く受け止めるべき教訓はここにもある。

阪神・淡路大震災と神戸の活断層を再考する

（「地図中心」2014年12月）

2011年東日本大震災は、千年前の巨大地震を重視せず、その再来を「想定外」としていたことが被害を拡大した。1995年の阪神・淡路大震災も同様に活断層の存在を軽視して、いわば社会の災害想定力の弱さが「安全神話の崩壊」を招いた。二つの大震災は事前の想定を怠った点において共通点が多く、重大な教訓を残した。

今一度、今日的な視点から阪神・淡路大震災を見直したい。ここでは、①震災を招いた地震の長期予測（事前予測の可能性および今後同様の地震が繰り返す可能性）、②「震災の帯」の成因（伏在断層との関係）、③都市域内の活断層を考慮した土地利用政策の必要性について考える。

（1）六甲断層の地震発生予測

地震調査研究推進本部は全国の主要活断層について地震発生長期評価を行っている。その評価によれば、①1995年兵庫県南部地震は淡路島－六甲断層系が起こしたものであり、②淡路島西岸の野島断層は本格的に活動してストレスを十分解放したが、③六甲断層は本格的な活動をしなかったと評価した。そのため、六甲断層周辺の神戸地域においては地震の危険性がゼロリセットされず、今後30年以内の地震発生確率は依然として「最大0・9％」あり、他の活断層と比較すると「確率がやや高いグループ」にあるとされている。

世間では、神戸地域では阪神・淡路大震災の発生により地震の危険性は去ったとの理解が一般的であるため、この点については今一度、周知が必要である。

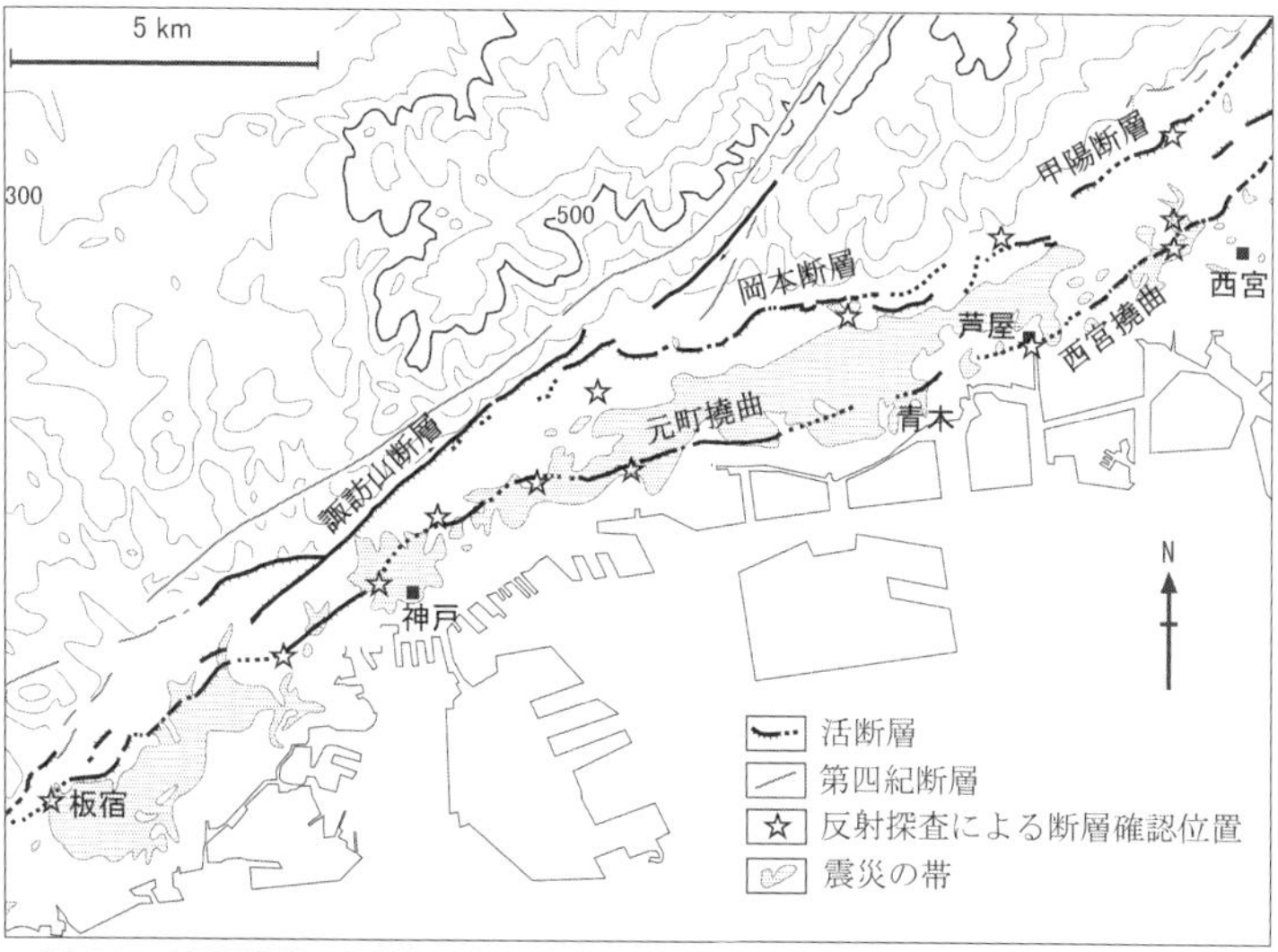

図30　神戸地域の震災の帯と活断層（渡辺・鈴木、2001）

（2）「震災の帯」の成因

神戸から西宮にかけて、平野の中央部に震度7のゾーンが発生した。幅は約1㎞程度で北東～南西方向の帯状を呈した。震災前には、六甲の山麓線に沿う活断層しか見つかっていなかったため、活断層直上ではなく約1㎞平野寄りに、なぜ「震災の帯」ができたのかについて議論になった。

当時、地盤条件による増幅効果で説明できるとする「地盤説」と、未発見の伏在断層によるのではないかとする「断層説」があった。この議論は、強震動シミュレーションによれば断層直上からやや離れた場所で増幅効果が起こり得るとする地盤説で決着したが、われわれは、震災の帯の中に活断層があり、地表には撓曲崖が連続的に形成されていることを発見した。さらに地下探査やボーリング調査によっても活断層の存在は追認された（図30）。

今一度、「震災の帯」の成因を考えたとき、「震災の帯」の中の活断層がどのような効果をもたらしたかは、依然として不明なままである。強震動シミュレーションが示すような効果があったとしても、そのことで伏在断層の効果が否定されるものではない。また、当時の地殻変動データは、水準点配置の制約上、伏在断層による変動の有無を検出できなかった。緩やかな撓曲変形が起きていたとしても住民が気づくことはない。

近年整備が進んだ詳細標高データにより、地表の変動地形を再検討してみると、「震災の帯」の中の伏在断層の存在はより明らかになっている。

（3）都市内活断層直上対策

震災からの復興の時期においては、「震災の帯」の中の活断層に関する議論は歓迎されず、地元自治体からも不評を買った。「被災者が復興に努力している中で、確定的ではない新たな活断層の存在に言及するのはいかがなものか？」という論調である。

実は兵庫県主導の活断層調査委員会も、地下探査やボーリング調査の結果から、「震災の帯」

の下の活断層の存在を指摘していた。その見解と我々の見解は部分的に異なるものの、大半においては一致した。しかし委員会は「延々と一直線に続くものではない」と強調したことから、報道を通じて「活断層はない」という誤解が広がってしまった。

「想定外」を繰り返さないという観点から都市域の活断層対策が問い直される今日、改めて都市直下の伏在断層の分布を明らかにして、耐震レベルの上乗せ条例の制定の必要性と、その適用範囲の地域指定を検討する必要がある。

活断層調査の最前線 ―航空レーザーによる活断層再発見―

（「ARCHITECT」2014年3月）

（1）活断層再発見の時代

近年は「活断層再発見の時代」とも言われる。日本の活断層研究は1970～80年代に急速に進み、「発見の時代は終わった」と言われたこともあったが、未だに都市域や原発周辺等、防災上とくに重要な地域においても「新発見」が続いている。

これに一躍買っているのが航空レーザー測量（LiDAR）である。活断層の存在を明らかにする方法は一般に、地形学的、地質学的、地球物理学的方法があるが、レーザ測量は地形学的方法を補うものである。

都市域は調査しづらい。人工構造物によって地形が見えにくく、舗装によって地層も見えない。また人口が多い都市内においては、騒音や振動を伴う大規模探査も行いにくい。そのため都市内の活断層調査はこれまで十分ではなかった。

(2)「震災の帯」の謎

阪神・淡路大震災は活断層が起こした地震災害だった。市街地の真ん中に被害が著しい「震災の帯」ができ、未知の活断層の仕業ではないかと話題になった。神戸では六甲山地の麓に明瞭な活断層（六甲断層）があるが、「震災の帯」はそこから1～2㎞海寄りに離れていた。

揺れは必ずしも活断層の真上だけが強くなるわけではないという考えも提示された。すなわち神戸には固い地盤がすり鉢状に落ち込む特異な地下構造があり、このようなときには、すり鉢の縁（断層の位置）より海側にやや離れた場所で揺れが増幅するのだと言われた。これは理論的に正しいため多くの研究者により支持された。しかし「震災の帯」をつくった要因がその効果だけだったのかについては、疑問も残った。

本当に「震災の帯」の下に活断層はないのだろうか？　地震後の数年間に我々は地形・地質のさまざまなデータを集めて検討した結果、活断層は間違いなく存在することがわかった。数々の地下探査結果もこれをサポートしていた。兵庫県の調査委員会も同様の事実認定をした。ただし、「震災の帯」に添って「延々と続く」と考えたのは我々だけだった。

（3）航空レーザー測量による再検討

航空レーザーは、上空から地表に向かってレーザーを照射して地表の形状を測る先端技術である。1990年代以降に開発が進んだ。近年急速にセンサーと処理技術が改良され、森林や構造物を除去して地面そのものを詳しく測れるようになった。国土地理院もこのデータから作成した5mメッシュの標高データ（5mDEM）を提供している（図31）。

建物が密集する神戸付近では、活断層の動きによる地形の変形を確認することがこれまで容易でなかった。5mDEMを用いることによって初めて正確な把握が可能となった。また近年飛躍的に発展した3Dグラフィクス技術により、地形の形状が手にとるようにわかるようになった。

こうした最新技術を用いて改めて調査した結果、明石から神戸を経て西宮に至るまで、「震災の帯」の中には途切れることなく活断層が続いていることがわかった。

　ちなみに、断層地形というと1891年濃尾地震の際に出現した根尾谷断層が有名であり、「切り立った崖」を想像しがちだが、神戸市内の断層地形は緩やかな斜面（撓曲崖）である。本書45ページで述べたように、「坂の街」神戸はこうした断層の動きによってできあがっている。

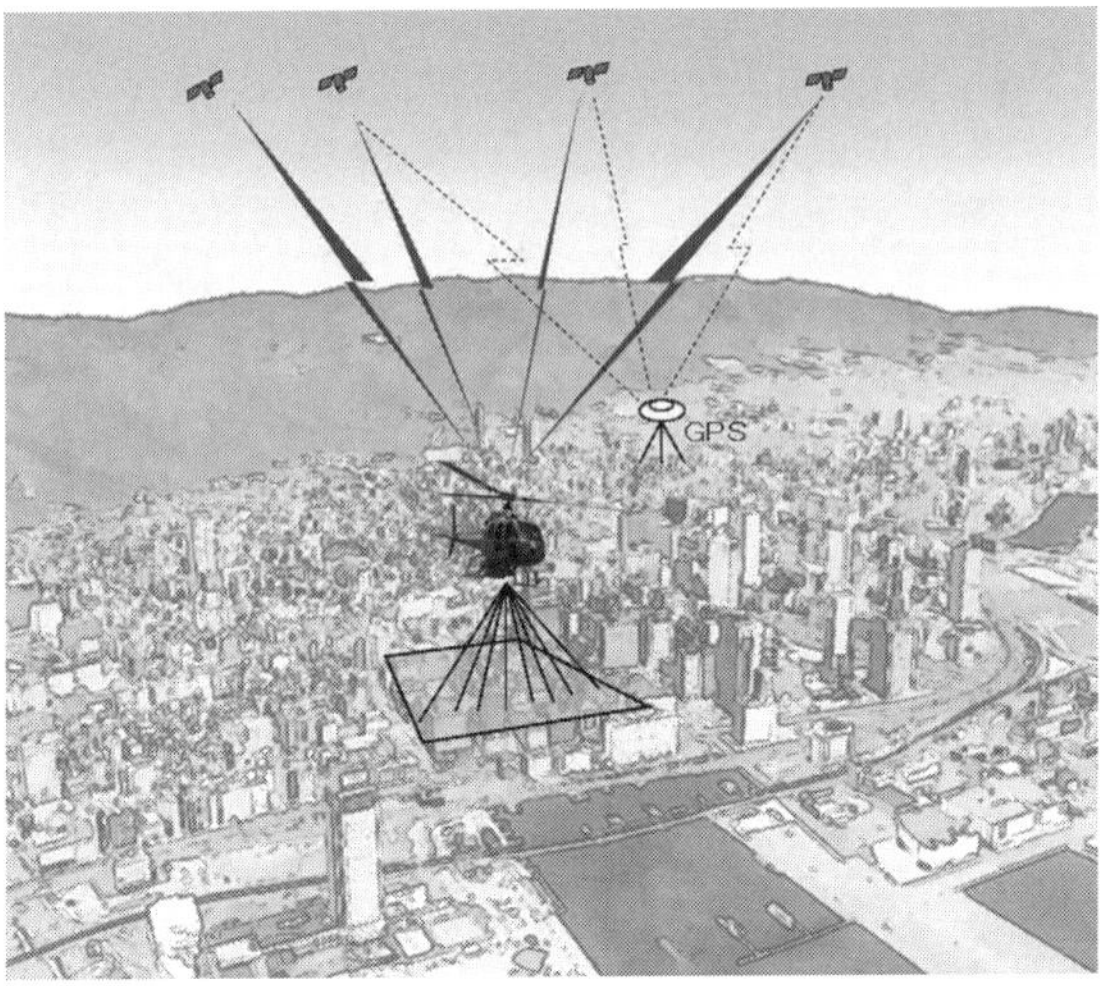

図31　航空レーザ測量のイメージ図（中日本航空提供）

（4）先端技術を有効活用するには……

　航空レーザーの応用範囲は広い。自然の森や構造物の形も正確に捉えられるため、こうしたものの保全や保守にも使える。災害時にはいち早く被災状況を正確に測ることができることから、レスキューや復旧活動にも応用できるはずである。
最新技術に期待は大きいが、魔法ではない。ある意味では単に「ありのままを測る」技術に過ぎず、そこから何を読み取れるかは人間の能力と意欲次第だ。活断層を再発見できるかどうかも同様である。

活断層沿いの対策 ―熊本地震の教訓―

（「中日新聞」2016.10.30）

2016年10月21日、鳥取県中部でM6・6の地震が起きた。この地震は半年前の熊本地震とは違い、地表に現れていない地下の断層が動いて起きたとみられている。そのため「未知の活断層」が強調されているが、適切ではない。地表を切る明瞭な地震断層は現れず、最大震度は6弱だった。こうした地震は全国どこでも起きるとされ、活断層との関係を議論するまでもない。「未知」という謎めいたニュアンスを日本人は好むが、強調しすぎると無力感につながり、活断層対策そのものにも水を差しかねない。最大震度7の揺れや断層のずれによる被害は、熊本地震に見られるように既知の大規模な活断層によって起こるものであり、既知の活断層へ備える重要性は揺るがない。

２０１６年熊本地震は、阪神・淡路大震災から21年後に起きた大規模な活断層地震として大きな問題を投げかけている。被災自治体での対応力不足や、公共施設の建物の耐震化の遅れが問題にされるが、熊本地震からこそ学ぶべき課題はもっと他にある。それは、都市開発や原発再稼働には不都合なゆえに、これまで日本社会が真正面から取り上げてこなかった活断層問題である。

図32　益城町市街地に現れた地震断層と周辺の被害

熊本地震においては既知の活断層（布田川－日奈久断層）が最大２ｍずれ、長さ30㎞にわたって大地が裂け、地表に地震断層が出現した。断層の真上の家屋は激しく倒壊し、断層から百メートルの範囲に大きな被害が生じた（図32）。震度７が気象庁により観測されたのは、地震計が断層近くに配置されていた益城町と西原村だけであるが、南阿蘇村では五台の自動車が揺れにより横転する前代未聞の現象が起きた。

被災者の多くは「近くに活断層があることは知っていたのに、十分な備えをしなかった」と無念そうに語る。「寝耳に水」ではなかったことは、これまで20年間にわたる地震防災対策の成果ではあるが、活断層沿いでどんな防災対策が必要なのか、指導されてこなかった。震度6弱程度までを念頭に「大きな揺れはどこでも起きる」と強調されたが、断層沿いでは震度7にもなりかねないことへの注意喚起が足らなかった。

活断層は「めったに地震を起こさない」「風評被害」「すべてが事前に見つかるわけではない」とも言われてきた。こうした発言はもっともらしく聞こえるが、都市開発や原発再稼働に不都合なため、活断層へ国民の関心が向かないようにとの意図もあったのではないか。

今後も我が国は、活断層と真摯に向き合わないままでいいのだろうか。個々の活断層が地震を起こす頻度は高くないが、全国には千本以上の活断層があり、およそ9年に一度の割合で50人以上の死者を出している。今後も活断層が動けば惨事が繰り返され、死者が千人を超える被害も十分にあり得る。確認済みの大規模な活断層に関して対策を放棄したままでは、行政の不作為として責任が生じる。

一部の自治体は、活断層直上には公共施設を建設しないという条例を制定している。これに見ならい、活断層沿いの一定の範囲を「活断層防災推進地域」に指定して、事前に適切な防災対策を講じるべきである。その対象地域は国土面積の数パーセントに過ぎないのだから、指定に無理はない。

熊本地震に学ぶ ―活断層大地震への備え方―

（「愛知医報」2017年11月）

（1）熊本地震から学ぶ必要性

2016年熊本地震は、1995年の阪神・淡路大震災から21年後に起きた大規模な活断層地震で、この間に進められてきた日本の活断層防災政策が妥当だったかどうかを検証する機会を与えた。政府はこれまで、活断層の存在を国民に知らせるとともに、地震はどこでも起こり得るから全ての国民が防災対策を怠ってはいけない、という啓発活動を行ってきた。その結果として、私達が暮らす街は本当の意味で強くなり、我々の地震対応力は高まっただろうか？都市の真下で同様の地震が起きても、千人を超えるような死者が出ないようになったか？はなはだ疑問である。

熊本地震では直接死より間接死が多かったこともあり、内閣府は熊本地震を教訓として、「応急対策・生活支援策に関する検討ワーキンググループ」などを立ち上げ、初動態勢の充実を図ろうとした。しかし、やはりなんと言っても活断層地震の脅威は、緊急地震速報も間に合わず、一瞬にして震度7にも達する大揺れに見舞われ、建物が倒壊して多くの人命が失われることである（図33）。阪神・淡路大震災では約9割が即死だった。

図33　地震断層周辺の激甚な被害（益城町、共同通信社提供）

熊本地震の被害を精査して、20年間の取り組みを東日本大震災の教訓も含めて厳しく見直し、今一度、活断層の脅威と正しく向き合う必要がある。「活断層があっても地震が起きることはまずない」と高をくくり、あるいは活断層に言及すると風評被害を生むなどといって、正しく畏れようとしない。そのような風潮を見直さなけれ

図34　南阿蘇の地震断層と大崩落

ばならない。

（2）熊本地震の特徴と教訓

２０１６年熊本地震は、布田川－日奈久断層という長さ１００㎞にも及ぶ活断層のうち、北東部の約30㎞の区間が活動することで起こった。４月14日には約６㎞の区間が小規模に活動して、Ｍ６・５の地震が発生した。我々活断層研究者は、「このまま収まれば良いが……」と心配していたところ、16日には14日の震源を含む30㎞の区間がさらに大規模に活動して、Ｍ７・３の地震が起きてしまった。14日の地震は、16日の地震が起きて初めて前震だったとわかったが、活断層研究の視点からは、これを予兆として捉えることができなかったことに問題があったと考える。

16日の本震の際には、布田川－日奈久断層に沿う30㎞の区間で、地表地震断層が出現した。

耕地や道路、住宅地に亀裂が入り、最大2mも横方向にずれた。益城町や西原村、南阿蘇村などでは断層に沿って、幅数百メートルの帯状の範囲が壊滅的な被害を受けた。「まるで竜巻が通過したようだ」とも言われた。周辺では山も崩れ、橋も落ちた。大規模な山崩れの現場からのテレビ報道では、専門家が崩れた原因を尋ねられ、「地層が脆いから」と解説したが、同様の崩れやすい地層は広範に分布している。「断層に近く激しく揺れたから」というのが正解だったであろう（図34）。

まさに「活断層の脅威」が目の当たりにされた。人間にとっては容易に対処できるものではないかのようにも思われる。阪神・淡路大震災の際には、被害の激しさを「震災の帯」と表現したが、今回はあまり強調されず、むしろ、活断層の近くでも壊れなかった家があったことが強調された。2000年代初頭以降に活断層地震が頻発して、活断層対策の難しさが露呈したからかもしれない。地震対策の責任回避の意識もあるかもしれない。さらに2011年以降、原発の安全審査においても活断層が問題になったことが影響している可能性もある。

国土交通省都市局は、「熊本地震からの益城町の市街地復興に向けた安全対策のあり方等に関する中間報告」を2016年12月に公表し、その中で、「町の中心部で土地区画整理事業等により面的な市街地整備を行う際には、事業の計画を、被害リスク回避の観点から活断層上の土地利用に配慮したものとすることが有効」としつつ、「今回の地震では、活断層のズレが主要因と考えられる建築物の倒壊は認められなかった。将来の活断層のズレにより、低層建築物は、倒壊する可能性は低いと想定される」としている。

断層が現れた県道沿いは、道路の拡幅のために再び断層の上に家屋が建つことは免れそうだが、最も顕著な断層が通過した宅地の方では、断層の上に住宅が再建されることにお墨付きを与えてしまった。活断層の脅威に正しく向き合えるかどうかが今回の地震の最大の教訓だと思うのだが、きわめて残念なことである。

(3) 活断層防災の第2フェーズへ

文部科学省は住民アンケートを行い、熊本県民の活断層に関する事前の知識が足らなかったと分析している。しかし私が現地で住民の話を伺うと、まったく別の印象を受けた。活断層に近い地域に住んでいた住民の多くは、活断層があることは知っていたと語る。今回の大地震が「寝耳に水」ではなかったことは画期的で、これまで20年間の活断層防災政策には一定の効果があったと言える。

しかし多くの住民の言葉は、「……知っていたけど備えたわけではなかった」と続く。重要な点はここにあり、活断層の存在を知らせるだけではダメで、「活断層に近いから何をしなければならないか」を明確に伝える必要があった。震度7には一般の建築基準法を守るだけでは不足があることも今回の地震からはっきりした。

「どこでも強い揺れは起きる」という言い方には問題がある。その場合の「強い揺れ」とは震度6弱程度までに限定されるためである。それを超える震度6強や7は、活断層の近くや地盤のとくに悪い場所などに限られるため、危険度情報を正しく伝え、対策するように誘導しなければ、活断層地震による数千人の死者は今後も出てしまうかもしれない。どこでも強い揺れが起きるという言い方は、もはや常識であり、防災意識啓発の効果も薄い。今後もそれを繰り返すのではなく、本当に強い揺れは限られた場所に起きるという厳しい現実に真摯に向き合う「第2フェーズの活断層防災」が必要である（図34）。

東日本大震災とそれに伴う原発事故以来、日本の地震

図35　地震断層直上で被災した旧東海大学（南阿蘇村）

図36　熊本地震で被災した南阿蘇村黒川地区

防災は窮屈になっている。政府の地震本部ですら、純粋に科学的な予測情報を出しにくくなった、と私には感じられる。津波予測は国交省や内閣府との合同委員会でしか扱えない。震度6強や7が起きる場所は限られるということを言うべきなのではないかと主張すると、「その場所を正確には予測できないから言わない方が良い」などと反論されることもある。

活断層防災の第2フェーズとして重要な展開は、地方主導の活断層対策である。福岡市は2008年に建築基準法施行条例の一部を改正し、「警固断層帯南東部に近い一定の区域において、これから新しく建築される中高層の建築物についての耐震性能を強化し、建築物の安全性を高める」ことを努力義務とした。徳島県は2012年に「南海トラフ巨大地震等に係る震災に強い社会づくり条例」を定め、その中で特定活断層（中央構造線断層帯）の変位による被害を防止するため、特定活断層調査区域を指定することを条例で定め、直上に公共性の高い建物を建てることを禁じた。
こうした対応を地域主導で始めることが活断層防災の突破口かもしれない。いつまでも活断層を見て見ぬふりをしないで、可能な範囲でさまざまな安全策を講じて安心度を高める。そのことを多くの国民は望んでいるのではないか（図36）。

北海道胆振東部地震と石狩低地東縁断層帯の複雑な関係

（「科学」2018年11月）

2018年北海道胆振東部地震は異例ずくめであり、地震現象に関して知識の限界があることを思い知った。震源の深さは37㎞、地震の規模はM6・7（いずれも暫定値）とされた。熊本地震M7・3に比べるとエネルギーでは8分の1程度で、しかも震源は約3倍深いにもかかわらず、厚真町では震度7に達した。なぜこのように地表が強く揺れたのか？ 揺れが増幅された原因について今後議論されることになるが、それ以前に、地震そのものについても疑問が多い（図37）。

図37　胆振東部地震の際に生じた大規模地すべり（北海道勇払郡厚真町、共同通信社提供）

震源付近に位置する活断層（石狩低地東縁断層帯）との関係も議論を要する。一般に内陸における地震発生層は通常は深度15㎞程度までであるが、石狩低地東縁においてはこれより深く、地震本部の長期評価では25㎞までとされていた。その意味は明確にはわかっていないが、今回はさらに深かった。そのため通常の活断層による地震ではないという見方もある。

「地図上に示される震源の位置（震央）は石狩低地東縁断層帯のラインより東にずれるため、この地震は活断層によるものではない」という報道があったが、それは誤りである。この断層の面は東に傾いているため、震源がこの断層面上にあるとすれば、深ければ深いほど地表の断層のラインより東にずれることは自然である。しかもこの断層はかなり低角だと考えられていたため、東へ大きくずれないといけない。今回、注目されたことは、むしろあまりずれていないということであった。

余震活動は、本震発生直後は30㎞より深い場所のみと見られたが、その後、15㎞付近でも起こっていることがわかった。それらをつなぐと東へ高角に傾く断層面が見え、その地上延長は石狩低地東縁断層帯の活断層のラインとほぼ一致した。これは何を意味するのだろうか？　こうした高角の断層活動は、石狩低地東縁断層は低角であるとする従来の考えとは合致しないため、政府の地震調査委員会でも議論された。その評価文に活断層との関係は明記されていないが、委員個人の否定的意見が反映されたためか、調査委員会は活断層とは無関係の「未知の地震」と判断したという報道が目立った（その後、9月11日、活断層との関係を否定できないとして「地震本部は見解を修正した」と報道された）。

そもそも石狩低地東縁断層帯は、数千万年以上前に千島弧と東北日本弧が衝突して生じた大規模な衝上断層群の一部であると考えられている。そのため他の活断層と比べて、はるかに複雑な地下構造を有している可能性が高い。その前提に立てば、今回の地震は、低角モデルには合わないために石狩低地東縁断層帯「が」活動して起きたものと断定することは難しいものの、断層構造の複雑性も考慮して、石狩低地東縁断層帯「で」起きたものと理解することが、少なくとも現時点では適切であろう。

被害は局地的に激甚で、41名（厚真町で36名：消防庁10月5日時点）もの方が亡くなった。とくに強く揺れた範囲は、地震本部が公開していた石狩低地東縁断層帯による予測震度の図に示されていた。当該活断層（石狩低地東縁断層帯の南部）が本格的に活動するとM7・7が予測されている。こうした事実は、活断層帯「で」起きた地震だと位置づけることにより、防災上、重い意味をもってくる。

能登半島地震―繰り返される「想定外」の背景に何があるか？―

（「世界」2024年3月）

（1）能登半島地震は「想定外」か？

2024年元日に起きた能登半島地震は、過去百年間に日本で起きた活断層地震のうち最大規模のM7・6であった。能登半島北部の沿岸海域には長さ20㎞に過ぎない複数の活断層が地質図には記されていて、それが連動した稀な地震だとの見解もあるようだが、そうではなく、むしろそこに存在した90㎞を超える長い活断層が活動したために起きた典型的な地震であり、当然「想定」されていなければならなかった。

能登半島北岸の直線的な海岸線は活断層がつくった地形であり、その活動の結果、12～13万年前の海岸付近の海底（海成段丘）が、珠洲市では標高１２０ｍにまで隆起していることが知られていた。こうした地形が標高１００ｍ以上に持ち上げられている場所は、日本においては能登半島のほか、室戸岬、男鹿半島、佐渡島、西津軽、奥尻島、種子島などごく一部の場所に限られ（Ota, 1975、日本第四紀学会編 1987 など）、地震に伴う隆起がその原因となっていることを地形学者は明らかにしてきた。

図38　能登半島の津波被害（珠洲市宝立町鵜飼地区、共同通信社提供）

　今回の地震により半島北東部の珠洲では２ｍ、北西部の輪島西部では４ｍを超える隆起が確認されている。海底活断層沿いでは８ｍ近い隆起が起きている可能性もある。その結果、持ち上げられた海水が沿岸部に打ち寄せ、大きな津波となった（図38）。半島東海岸の珠洲市南部から能登町にかけて津波が陸地に遡上し、甚大な被害を与えた（岩佐ほか 2024）。しかし北岸は隆起したため、せり上がった岸壁が防波堤となって、輪島市域では津波の著しい浸水が起こらなかった（後藤ほか2024）。こうした違いを日本地理学会や国土地理院が作成した地図で見ると、一見、東海岸で津波が高かったかのように見えるが、実態はまだわかっていない。そもそも陸地が大きく隆起した際の津波調査は難しい。また、隆起・沈降を考慮した津波対策はこれまで念頭になかったため、今後に大きな課題を残した。

阪神・淡路大震災を引き起こした兵庫県南部地震の発生以降、地震を起こす活断層を陸上・海上を問わず明らかにして、地震発生を想定する努力が進められてきた。今回の震源となった海底活断層は２０１３年に国交省と内閣府と文科省の合同検討チームにより、Ｍｗ７・６（モーメントマグニチュードのため気象庁マグニチュードに換算するとさらに大きい）地震を起こし得る長さ94㎞の断層（F43）として認定され、津波想定に使われた。そのため今回の地震は認識されていたかのようにみえるが、地震（揺れ）の震源としては想定されていなかった。

地震本部の地震調査委員会において、海域の活断層の地震発生予測が遅れ、単に間に合わなかったと言えないこともないが、津波の原因としては考慮されながら10年以上も放置されていたことになる。私も委員会発足時から専門委員の立場にあるため責任を感じ、なぜ問題が重く受け止められず、想定が遅れたのかについて検証が必要であると思う。

（2）沿岸活断層が見過ごされた科学的理由

東日本大震災の教訓から、万が一の津波被害を避けるため、前述のとおり海域においては長い海底活断層を津波の波源として想定したことには先見の明があったが、地震については事前の発生予測情報がなく、多くの住民や行政にとって不意打ちになってしまった。

地震の震源となる活断層を評価する場合、地震本部においてその連続性や形状や活動履歴が細かく議論される。兵庫県南部地震以降、大地震の発生可能性に焦点が当てられ、活断層が5km以内に近接する場合には一連で活動し、大規模な地震が起きると予測された。しかし、原子力発電所の安全審査においては必ずしもこの考えは採用されず、たとえ近接していても一連の活動は起こらないという主張もなされた。

今回の海域において、産業技術総合研究所（産総研）は海底活断層を認定しているものの、セグメントと呼ばれる20kmの短い断層に分割している（井上・岡村2010）。セグメント同士は不連続で、断層のずれの向きも異なるとしていた。北陸電力（2012）はこの知見を元に旧原子力安全・保安院に対して、「地質構造が異なり不連続、断層間を遮る構造の存在が認められることから、連動は考え難い」との見解を示した。（その後、２０２３年10月の原子力規制委員会の審査会合において、とくに理由の説明なく96km区間のセグメントの連動の可能性を認めたが、能登半島西方海域においては今も認めていない。）

これに対し後藤（2014）は、海域の活断層が過去にずれた結果できた地形が連続するとして、今回の震源断層にほぼ匹敵する一連の海底活断層の存在を、地震の10年前に指摘していた。

こうした見解の相違が生まれる科学的理由は、沿岸海域の調査が技術的に難しいことにある。これまで主流だった調査方法は音波探査であり、ケーブルを引きずりながら舟を走らせ、音波を発して海底下の地質の様子を調べてきた。こうした調査は、陸地に近い沿岸海域においては漁業権との兼ね合いで容易ではない。また、もしできたとしても、沿岸部では最近数十万年間の新しい地層が削られ、乏しいため、活断層であるか（すなわち最近活動しているかどうか）を判断することが難しい。さらに陸域調査は国土地理院、海域は海上保安庁と、担当官庁が異なるという状況もあった。

このような問題を解決するため、海域においても陸上と同様に変動地形（地殻変動がつくった地形）を重視して活断層認定を行う試みが近年盛んに行われ（例えば中田・後藤 2010）、上述の後藤の研究もその一部である。地形学的な手法は、音波探査が行われていない海域を含めて全域を調査することができる。そして探査結果がある場所で、判断の妥当性を確認することにより精度を高めることができる。しかし、沿岸海域においては海底地形すら詳細に測量されていない。にわかには信じがたいことであるが、沿岸海域で詳細な調査がされているのはわずか3％に過ぎないという指摘もある。

近年、水深15〜20ｍより浅い沿岸海域については、水中を透過する緑レーザーによって詳細な海底地形を測量することができる技術開発が進み、この手法を導入して全国の沿岸海域の調査をしようという取り組みが民間ベースで行われている（日本財団2020)。その結果に期待が持てるが、現状においてはこうしたデータがすぐに活断層調査に使える見通しは立っていない。また、能登半島沖の海底活断層がある海域の水深は40〜50ｍと推定されるため、このデータでもカバーしきれない。水深の深い範囲においては、さらに強力なレーザー測量や、音波測深の手法と組み合わせる必要がある。

沿岸海域に活断層が見逃されている地域は他にもある可能性が高い。まさに沿岸海域は盲点である。

（3）想定できなかった社会的理由

これまでの海底活断層のデータを見直すと、沖合には長い断層が数多く認定されているのに、沿岸の活断層はいずれも短いという奇妙な関係があることに気づく。これは開発行為の際に、近くに長い活断層があると地震対策費が高額になるため、できれば認定を見送りたいという理由があるからかもしれない。しかし、陸地の近くにある長大な活断層は、建物倒壊や土砂災害のリスクが高いため、防災上、むしろ積極的に認定しなければならない。

この問題は東日本大震災に通じる（鈴木 2012, 2013, 2022）。福島第一原発の安全確保のためには大津波の危険性がより慎重に考慮されるべきであったが、添田（2014）や島崎（2023）が指摘するように、大津波の危険性をできるだけ考慮しなくて済むようにしようという業界の動きがあった。

能登半島にある志賀原発の安全審査の際、北西方の海域には10㎞以下の短い海底活断層しかないとされていた（片川ほか 2005）。しかし２００７年の能登半島地震では、長さ30㎞にわたる海底活断層が一気に活動し、認定の誤りが明らかになった。今回の地震で再び同じ問題が起きたのだから、これは従来の調査手法や判断のあり方に問題があったためと言わざるを得ない。

（４）長大活断層の問題

海域か陸上かを問わず、30㎞を超えるような長大な活断層が起こす地震についての理解がこれまで不足していた。従来、活断層は固有の周期をもってほぼ一定の規模の地震を、千年から数千年（ときに数万年）に一度繰り返すとされてきた。自然はそれほど規則的ではないので、必ずその通りだと誰も信じているわけではないが、いわば第一次的な近似として、この（固有地震）モデルを基本にして、１９９５年以降、調査データを積み上げてきた。

しかし、その後の地震活動は、２０１６年の熊本地震の本震（Ｍ７・３）と２０２４年の能登半島地震（Ｍ７・６）を除けば、予測とは異なる、いわゆる「ひとまわり小さな地震」であった。２００４年中越地震（Ｍ６・８）、２００７年中越沖地震（Ｍ６・８）、２０１４年長野県神城断層地震（Ｍ６・７）などがその例である。こうした地震は、長大な活断層があるにも関わらず、その一部のみが活動した地震だった。中越地震後の産総研による掘削調査では、２００４年には数十センチずれた断層が、一回前には１・５ｍ近くずれていたこともわかっている（丸山 2015）。２０１６年の熊本地震では4月14日にＭ６・５の前震が起き、２日後の4月16日にＭ７・３の本震が起きた。

こうした事実から、活断層は大小さまざまな地震を起こすことがあり、活動頻度は過小に見積もられていることになる。今回の能登半島の地震は２０２０年の群発地震から始まり、２０２３年5月にはＭ６・５の地震が起き、今回のＭ７・６に至った。この間、沿岸海域の活断層との関連に注目が集まらなかったことは不適切であり、今一度、一連の地震活動として理解し直し、長大な活断層が起こす地震のイメージを明確にする必要があろう。

さらにもうひとつ、近年、新たに明らかになった事実がある。それは、大規模な地震が起きると、ひとつの断層だけが活動するのではなく、遠く離れた活断層も同時にずれるということである。熊本地震の際も、震源となった布田川－日奈久断層だけでなく、５㎞以上離れ、それまで未確認だった活断層までもが活動した。ずれの量は数十センチでも、その近傍で局地的に大きな震動が発生し、著しい建物被害を生じた（鈴木ほか 2022）。

今回の能登半島地震においても、震源断層から20㎞近く離れた志賀町北部に位置する富来川南岸断層が数十センチの変位を起こしていたことがすでに判明している（鈴木・渡辺 2024）。こうした小さな活動がどのような意味を持つかは今後さらに検討する必要がある。前述の中越地震の例のように、ひとまわり小さな活動なのかもしれない。

我々は大規模な活断層地震の際に何が起きるのかについてよく知らない。さらに慎重に調査し、活断層のリスクをより正しく理解することが求められる。

（5）これからどうすべきか

今回の能登半島地震の全貌はまだ明らかではないため、教訓を語るのは時期尚早であるが、地震の想定という点において、少なくとも以下の3点を指摘することができる。

第一は、沿岸海域の活断層は盲点であるという点である。こうした活断層をこれまでとは異なる手法で調査して、陸上と同様に国土地理院の活断層図に示すべきである。国土地理院の活断層図は、これまでも一部の沿岸海域において海底活断層を示してきたが、それらは既存資料からの引用に過ぎなかった。海域の調査は音波探査等、陸上とは異なる手法が用いられてきたことがその理由であったが、今後は沿岸海域の海底地形情報をできる限り詳細に集め、陸上と同様に地形学的手法で統一的に活断層認定を行って地図に示すべきである。

陸上の活断層を記す場合でも、掘削調査や地震探査により活断層を確認できた場所があれば地図上に示してきた。海域においても、音波探査で断層の存在がわかっている箇所にその情報を記せば精度が上がる。国土地理院の活断層図は、地震本部における活断層評価の基盤資料になっているため、これに示せば今回のような想定外を回避することができる。なお、海域ごとに海底地形の詳細情報の有無を記せば、海底測量の進捗を確認することもできる。

第二に、海岸地形を見直し、海成段丘が標高の高い場所にあるのにその原因が明らかになっていない地域をリストアップし、沿岸に海底活断層がある可能性を見極め、調査の優先順位を検討する必要がある。

地震性隆起が生じるとどのような地形変化が起きるか、今回の地震で明らかになった（図39）。地震以前の海岸浸食により形成された崖（海食崖）とかつての遠浅の海底とがセットで

図39　2024年能登半島地震による海岸隆起（珠洲大谷川付近、国際航業株式会社・株式会社パスコ提供）

図40　志賀原発付近の海岸隆起地形（共同通信社提供）
今回の地震で生じたものではないが、沖合にある海底活断層の活動により生じたと考えられる

隆起し、ノッチとベンチと呼ばれる特徴的な地震性隆起地形ができる。地形学者の一部はこれまでもこのことを指摘し、原発安全審査等において地震性隆起の可能性を指摘してきたが、なかなか受け容れられなかった。今後はこうした特徴的な地形を見過ごすことが、沿岸海域の海底活断層をも見過ごすことにつながることを肝に銘じて、大きな被害を与えかねない沿岸の海底活断層を明らかにしなければならない。志賀原発も例外ではない（図40）。原発のすぐ目の前の海岸に典型的な地震性隆起地形がある（渡辺ほか2015）。海底活断層が短く過小評価されている可能性について、早急に検討する必要がある。

第三に、活断層評価をまとめる地震本部の体制を見直すことも必要である。その発足当時は、阪神・淡路大震災の惨事を繰り返さないため、地震研究の成果を防災に結びつけようという高い志があった。しかし今日では調査結果を単に纏めるだけになってはいないだろうか。地震本部は発足当時、総理府の下にあった。現在は事務局が文部科学省にあるため、文部科学省の組織であると誤解されがちであるが、今も省庁横断型の「特別な組織」である。防災は内閣府が担い、地震本部は調査研究のみを担うといった仕分けも発足当時にはなかった。

地震本部の中でも政策委員会ではなく地震調査委員会そのものが、防災をもっと強く意識した見識を示すべきである。なぜなら、調査をすればするほど地震や活断層の現象の複雑さが明らかになり、防災対策に関する社会的な合意形成を目指す際には、調査者にしかわからない「理解の不確実さ」を説明することが鍵を握るからである。わかったことを伝えるのは容易でも、わからなさを伝えることは難しい。しかしそれを抜きに防災意識を高めようとしても、長期的に続かない。東海地震への警戒を促し、次に南海トラフ地震や千島海溝の地震へ注目させようとしても国民の関心が高まらないのは、科学への信頼が揺らいでいるためかもしれない。実際にどこまでは確実にわかり、どこからは仮説なのかを明らかにして、それでも対策が重要だということ、やるだけの価値があるということを国民に対して丁寧に説明する必要がある。

関連企業や機関への忖度は言語道断である。地震本部の発表は純粋に科学的である必要があり、バイアスがあるという印象を持たれたら国民の信頼を損ねる。現状の地震本部が社会との軋轢により防災に真摯に向き合うことができないのであれば、原点を思い起こし、組織そのものの位置づけと体制を見直すことが必要かもしれない。

第7章

地震本部の取り組みと活断層防災の課題

（「科学」2025年1月）

阪神・淡路大震災を機に日本政府は、省庁横断型の「特別な機関」として地震調査研究推進本部（地震本部）を当時の総理府に設置し、被害軽減に資するため「予測」を重視した調査研究の推進を目指した。その中で活断層調査にも本格的に取り組むことにしたが、２０１６年熊本地震や２０２４年能登半島地震において甚大な被害を繰り返している。この30年間の取り組みの成果を検証し、改革すべきときに来ているのではなかろうか。

地震本部のミッション

地震調査研究推進本部は、１９９５年6月に議員立法により成立した地震防災対策特別措置法にもとづいて当時の総理府に設置され、科学技術庁長官が本部長、関係省庁の事務次官らが本部員を務めた（現在は文部科学大臣が本部長、内閣官房副長官のほか、内閣府・総務省・文部科学省・経済産業省・国土交通省の各事務次官が本部員）。地震本部（かつては推本）とも呼ばれる。同本部の設置と同時に地震予知推進本部は廃止され、予知を前提としたそれまでの地震防災は終了した。

地震本部の基本的目標は、「地震防災対策の強化、特に地震による被害の軽減に資する地震調査研究の推進」とされる。また役割は、①総合的かつ基本的な施策の立案、②関係行政機関の予算等の事務の調整、③総合的な調査観測計画の策定、④関係行政機関、大学等の調査結果等の収集、整理、分析及び総合的な評価、⑤上記の評価にもとづく広報、である。

基本的目標において「被害の軽減に資する」と明記されていることから、単に地震調査研究のみを推進すればよいわけではない。改めてそのミッションを整理し直せば、①被害軽減を目的とした地震調査研究の一元的推進、②研究成果にもとづく「地震予測」に立脚した防災の実現、の2点とすることができよう。

地震本部の取り組みと課題

地震本部は、第1のミッションである地震調査研究の一元的推進のため、「地震に関する基盤的調査観測計画」（1997年）、「地震に関する総合的な調査観測計画～東日本大震災を踏まえて～」（2014年）、「地震調査研究の推進について」（1999、2009、2019年）

などをまとめ、地震調査研究の方向付けを行った。また、地震発生時には気象庁、国土地理院、防災科学技術研究所、産業技術総合研究所、海上保安庁、一部の大学などの調査結果をまとめて地震解説を行った。学会や企業との連携は薄く、必ずしもすべての情報を集約できる体制にはないが、一定の役割を果たしてきた。

一方、第2のミッションのため、長期評価（活断層評価や地震動予測地図）などを重点施策とした。そして地震が起きる時期に注目する「予知」に代わる概念として、どこでどのような地震がどの程度の確率で起きるかを「予測」することの重要性を主張した。その背景には、「予知」の困難さが明らかになっていたことに加え、阪神・淡路大震災の原因が一般に周知されていない「活断層」であったこと、関西地方には地震が起きないという誤解があったことなどがあった。そのため、日本全国で今後発生し得る地震の震源（活断層やプレート境界）を明らかにし、それに伴う地震動（揺れの大きさ）を予測することが目指された。

その後、地震本部は地震発生の長期評価や地震動予測地図など多くの成果を挙げてきた。これらは阪神・淡路大震災以前にはまったくなかったゼロからのスタートで、２００５年までに初版を完成させたことは高く評価できる。

しかしミッションの最終ゴールは人命を守ることであり、それには到達していないと言わざるを得ない。予測結果をまとめる作業に参加した筆者の経験（１９９６年から活断層分科会、１９９７年から長期確率評価手法検討分科会、２００２年から成果を社会に活かす部会、２００５年から活断層評価手法等検討分科会、２００６年から地震動予測地図高度化ワーキンググループ、２０１１年から長期評価部会）から、これまでの活動を振り返ると、地震本部のスタンスに変化が生じているとも感じられる。発足当初は、地震防災のためのさまざまな取り組みが主導的に行われたが、２０００年代以降は内閣府やその他の関係機関との関係が強く意識されるようになり、２０１１年以降は津波や活断層に関して独自の評価に消極的になった。２０１０年に公表された「活断層の長期評価手法」には「暫定版」の文字が付され、未だに確定に至っていない。

予測結果を防災へ繋げる取り組みも弱い。例えば糸魚川－静岡構造線活断層帯の地震発生確率が相対的に高いという発表をした際には、政府や地元自治体から反発があった。地震発生確率を重視したのは、「成果を社会に活かす部会」において、高い／低いという定性的な表現より確率値の方が設計に活かしやすいため、工学分野からは歓迎の意見があることを確認したことによる。また当時の廣井 脩 部会長から、今後30年の確率が10％を超えれば社会は対応するとの予測もあった。そして算出された確率は、中北部区間で14～30％という高い値になったが、対策にいかに活かすべきかについて地震本部は積極的な発言をしていない。

２０００年以後に発生した内陸地震が、２０１４年長野県神城断層地震と２０１６年熊本地震を除けば、相対的に低確率の場所だったことが批判されたこともある。あくまで確率なので批判は当たらないとの見方もあるが、活断層による地震発生確率は海溝型に比べて一般に低い（M７以上の地震発生しか考慮していないということも影響している）。そのため地震動予測地図では活断層地震の危険性を表現できないということがもっと主張されるべきだった（活断層地震のみを考慮した地震動予測地図ではある程度表現されるが、その図の周知は進んでいない）。

２０１６年熊本地震の際には、地震本部は事前予測との関係に言及し、「布田川－日奈久断層は将来の活動の可能性がやや高いとされていたが、そのことが十分周知できていなかったことに問題があった」とした。しかし実際の地震発生確率は「ほぼ０～０・９％」というものであり、もし最大値の０・９％であれば「やや高い」レベルというあやふやな情報だった。また、２０２４年能登半島地震の発生後に事前予測との関係に関する言及もなかった。こうした状況により、少なくとも活断層の視点からは、第２のミッションが果たされてきたとは言い難い。

活断層評価の課題

(1) 活断層評価の経緯

地震本部は1997年に「地震に関する基盤的調査観測計画」において、①地震観測、②地震動(強震)観測、③地殻変動観測(GPS連続観測)、④陸域及び沿岸域における活断層調査、⑤ケーブル式海底地震計による地震観測、⑥海域における地形・活断層調査、⑦地殻構造調査、の7項目を基盤的調査観測として2005年までに推進することを定めた。活断層の認定や活動性評価は④と⑥と⑦に該当し、日本において初めて重視されることになった。

地震本部設立から10年後の2005年には、「今後の重点的調査観測について」が取りまとめられ、①長期的な地震発生時期及び地震規模の予測精度の向上、②地殻活動の現状把握の高度化、③強震動の予測精度の向上、が目標として掲げられた。この中で、重点的調査の概念が打ち出され、活断層については、「将来地震が発生した場合に予想される地震の規模が大きく(概ねM8程度)、地震の発生確率が高い断層、及び首都圏等の人口の密集地において地震の発生確率が高いとされた断層」が対象とされた。

これ以降はこの方針が踏襲されたが、2005年福岡県西方沖地震、2007年能登半島地震、２００７年中越沖地震の発生を受け、２００９年には「新たな活断層調査について」がまとめられ、沿岸海域の活断層調査の重要性が強調された。陸域活断層については、２００４年中越地震、２００８年岩手・宮城内陸地震を受け、短い活断層や地表に現れていない断層の調査が盛り込まれた。さらに活断層情報を地震本部として整備するため、活断層基本図（仮称）を作成することが明記された（２０２５年時点で未完成）。

２０１１年東日本大震災以後は、海溝型地震の検討が重点的に進んだ。「地震に関する総合的な調査観測計画～東日本大震災を踏まえて～」（２０１４年）においては、２０１９年までの重点項目として、①海溝型地震を対象とした地震発生予測の高精度化に関する調査観測の強化、②地震動即時予測及び地震動予測の高精度化、③津波即時予測技術の開発及び津波予測に関する調査観測の強化、が挙げられた。活断層については、④活断層等に関連する調査研究による情報の体系的収集・整備及び評価の高度化、と記されたが、新たな調査方針は示されていない。

２０２４年には能登半島地震の発生を受け、「内陸で発生する地震の新たな調査観測について」がまとめられた。その中では、従来の評価で活動区間とみなしてきたものが連動して、さらに大きな地震を起こしたことを問題視するとともに、認定されている活断層以外で起きる地震や、活断層が起こすM6クラスの小さめの地震への対応の重要性が指摘された。

(2) 活断層評価の問題点

以上のように、地震本部としてはほぼ10年ごとに、その都度発生する地震が提起した課題に対応して調査研究の方向性を軌道修正してきた。しかし、その進め方について幅広い議論は行われなかった。

活断層の調査と評価に関わった筆者の立場からみた問題の第1は、人材育成を含む活断層調査体制の整備が行われなかったことである。2024年に発足した火山調査研究推進本部の活動においては、人材育成と体制整備が強調されていることと対照的である。

活断層調査は1995年から2005年まで、全国の97の主要活断層について集中的に進められたが、急激に進められすぎたため人材不足に陥った。通産省工業技術院地質調査所(のちに産業技術総合研究所活断層研究センター)のほか、地方交付金により地方自治体でも調査が行われ、都道府県や政令指定都市ごとの活断層調査委員会が設置されたが、全国で数十人しかいない活断層研究者はいくつも掛け持ちで対応することになった。それまで原発建設時を除けば活断層調査のニーズはほとんどなかったため、調査会社においても技術者が不足した。

地震本部における活断層評価体制にも課題があった。活断層評価手法自体を議論しつつ個々の活断層評価を行うことに時間を要した。当初はひとつだった分科会が、１９９９年から北日本、中日本、西日本の3分科会体制になり、それぞれに5～6名程度の委員が配置され、目標とされた２００５年までに97の主要活断層の評価を一通り終えたが、調査データは質的・量的に不足した。

２００５年以降は人材育成を進めて調査体制を強化しつつ、基礎的情報を充実させる必要があったが、地震本部はいったん評価結果がまとまったということを前提に、次は「高度化」という方向へ進み、その後の調査の枠組みは、①長大な活断層に対する重点的調査、②未調査の断層に関する追加調査・補完調査のみになった。地方自治体による調査も行われなくなった。なお、１９９５年からの10年間に活断層調査に多くの予算が割かれたが、大学に対しては重点的な予算措置はなく、研究・教育拠点の整備も行われなかった。

第二の問題は、地震本部による活断層評価結果が学会等で検証されることがなかったことである。こうした検証があれば、データの充足度、解釈の任意性、調査の方向性などについて整理できたはずである。

トレンチ調査（地層を掘って活動履歴を検討する調査）が重視されたが、活断層評価においてはその前に、連続性を精査した長さの見極めと、過去数万年間の累積的変位量（活動度）の把握が必須である。最新活動時期は次の活動を予測する上で重要であるが、さらに古い活動については調査地点の地層の存否に依存するため、網羅的に把握できるわけではない。最初にやるべきは活断層の長さと活動度といういわば「身体検査」であるが、地震本部においてはこうした基礎的調査を十分に行わないまま「高度化」が求められた。

活断層評価モデルの検討も課題だった。活断層評価の開始時には固有地震説をベースとした。固有地震説とは、ひとつの活断層は一定の間隔で、同じ規模の地震を繰り返すとする単純なモデルである。その単純化に問題があることは自明で、改良することが当初から目指されていた。現に2000～2008年に発生した内陸地震はM6クラスの「ひとまわり小さな地震」ばかりで、その都度、「評価対象の地震ではない」と言わざるを得なかった。

2004年中越地震でこの問題が明確になり、活断層評価手法等検討分科会は、こうした地震の複雑性を考慮した新手法を提案した。しかし、なぜか最終的に「暫定版」と付され、今もそのままである。ひとまわり小さな地震は、固有地震だけしか考慮しない場合よりも地震発生頻度を高めるため、それをモデル化して評価に加えることは防災上、必須である。

第三に、ランクZの問題がある。活断層評価の結果として「地震発生確率が高い」「やや高い」の２つを従来公表してきたが、熊本地震後に政策委員会は、Ｓ、Ａ、Ｘ、Ｚの４つのランクに区分することを決めた。Ｓは従来の「高い」、Ａは「やや高い」に相当し、Ｘは不明、Ｚは30年以内の確率が０・１％未満のものとした。問題はランクＺであり、そのように位置づけることで安全かのような誤解を与えかねない。前述のとおり発生確率は、高いと認識されることのみが防災上重要で、低い数値は信頼度が低いことに注意を要する。

以上をまとめると、30年間活断層評価が続く中で、情報の質の吟味が十分に行われないまま、その先の調査計画や情報発信が拙速に行われてきたと言わざるを得ない。

活断層防災の課題

活断層評価の開始後、主要活断層が起こした初のＭ７クラスの地震は２０１６年熊本地震（Ｍ７・３）である。２０２４年能登半島地震（Ｍ７・６）は、地震本部による活断層認定が遅れたため、主要活断層が起こしたものとはされなかったが、本来は予測情報を国民に伝えておくべき地震だった。この２つの地震災害から、活断層防災について以下の問題点が明らかになった。

(1) 地震発生予測のための基礎調査

2016年熊本地震を起こした布田川−日奈久断層は、2013年の評価において「地震発生確率がやや高い」とされていたが、その際に用いたデータは、活動間隔8100〜2万6000年、最新活動時期6900〜2200年前というものだった。しかし地震後に集中的に調査すると、活動間隔2000年、最新活動時期2000年前であり、地震前の評価には大幅な間違いがあり、決して正しいとは言えなかった。その原因はひとえにデータ不足であり、それでも前述のとおり活断層の身体検査を十分に行った上で最新活動時期の特定ができていれば、改善できた可能性が高い。トレンチ調査にはさまざまな制約があり、やみくもにその数を増やすのではなく、明らかにすべき課題を明確にした調査戦略が必要である。

2024年能登半島地震においては、北岸沖の海底に活断層があることはわかっていたのに、長期評価においてこれを採りあげず、その結果住民は地震を警戒しなかった（鈴木 2024、鈴木・渡辺 2024）。数年前から連続発生していた地震の解説時に活断層との関係に言及する機会はあったはずである。事前の海底活断層の認定にも問題があった（後藤・鈴木 2024）。

（2）具体的な被害予測情報

熊本大学と名古屋大学による熊本地震から3年後のアンケート調査によれば、周辺住民の60％は活断層の存在を知っていたが、全体の25％しか地震対策を行っておらず、「どのような情報があれば対策したと思うか」を問うと、最も多い回答は「具体的な被害予測」であった（鈴木ほか 2022）。

過去の内陸地震において、活断層沿いに著しい被害集中が起きている。熊本地震では益城町市街地で地表地震断層から１００ｍの範囲に被害が集中し、地表地震断層沿いで強震動が発生した可能性がある（鈴木ほか 2022）。一方、地震断層沿いでもあまり揺れなかった場所もあり、原因解明が急がれる。こうした情報を地震前にできるだけ正確に伝えることが防災上重要であろう。

地震本部においては被害状況に関する検討が十分に行われない。それは消防庁や内閣府の役割と認識されているかもしれないが、被害発生メカニズムを研究し、なぜそうなったかの解説をするのは地震本部の役割であるはずである。

（3）住民へのメッセージ

住民へ活断層地震の危険性をどのように伝えるべきか、議論を尽くす必要がある。経済活動への影響を懸念して、活断層情報を風評被害と呼ぶ人もいる。しかしながら潜在的な危険性を適切に伝えなければ対策は進まず、このままでは阪神・淡路大震災や熊本地震、能登半島地震と同様の被害が繰り返されてしまう。

また、住民へのメッセージのあり方が十分検討されていないことも問題である。熊本地震の住民アンケートによれば、活断層の存在はわかっていたが、まさか地震が起こると思っていなかったから対策しなかった、と多くの人が答えている。「活断層は滅多に地震を起こさない」と言わず、「頻度は低いが活断層がある以上、いつかは必ず地震が起きる」と言わなければならないのだろう。また、一般市民から「専門家はバラバラなことを言う」という戸惑いの声も聞かれるが、それは学術的に高度で未解明なことに対してではなく、むしろ活断層の潜在的危険性の有無など基本的認識についてなのかもしれない。さまざまな思惑や立場の違いを乗り越えた整理を、地震本部は行うべきである。

(4) 政策立案との連携

活断層地震による甚大な被害を繰り返さないために住民にできることは限定的であり、都市計画や土地利用制限等の対策が重要であることは言うまでもない。阪神・淡路大震災直後には、活断層沿いの土地利用規制の必要性も議論されたが、その後は立ち消えになっている。当時の社会情勢に鑑みて、規制は好ましくないという意見も多かった。

しかしその後、少子高齢化や人口減少の時代を迎え、土地利用規制は現実的であるという意見も聞かれるようになっている（例えば目黒・大原 2008）。近年、活断層沿いの耐震化を高めることを目指した福岡市の条例や、活断層直上の公的建物の建築規制を定めた徳島県の条例などが制定され始めている。「予測」を通じて防災対策を進めることがミッションである地震本部において、こうした政策を支援するためにどのような調査研究が必要かという検討も必要であろう。

活断層防災の第2フェーズに向けて

阪神・淡路大震災以降、強い地震の揺れはどこでも起きることを前提とした地震防災が進められてきた。これは1970~90年代に東海地震への備えが強調される中で、他地域の住民が油断し、関西では地震が起こらないとまで言われていたことへの反省から来ていた。30年経った今では、地震が限られた場所にしか起きないと考える国民は少なくなり、一定の効果をあげたと言えよう。

しかし、どこでも起きるのは震度6弱程度までであって、震度6強や震度7は限定的であることは地震動予測地図からもわかる。強震動による甚大な被害を軽減するには、こうした極めて強い揺れが起こる地域があるという情報を前面に出し、その問題に真摯に向きあう防災戦略が不可欠である。これを活断層防災の第2フェーズと位置づけ、国民に丁寧に説明していくことが今後求められる。

引用文献（50音順）

阿部 壽ほか（1990）「仙台平野における貞観11年（869年）三陸津波の痕跡高の推定」地震第2輯43、513－525

井上卓彦・岡村行信（2010）『能登半島北部周辺20万分の1海域地質図及び説明書』産業技術総合研究所地質情報総合センター

今村明恒（1911）「安政元年夏ノ地震」、「会報」77、1－16

岩佐佳哉ほか（2024）「津波浸水範囲の検討結果」日本地理学会災害対応ホームページ

宇佐美龍夫（1996）「新編 日本被害地震総覧」東京大学出版会

太田陽子（1999）「活断層研究と町づくり―首都を活断層が横切るニュージーランドでは」、「科学」69、496－501

片川秀基ほか（2005）「能登半島西方海域の新第三紀～第四紀地質構造形成」、「地学雑誌」114、791－810

苅谷愛彦ほか（1999）「嘉永・安政伊賀地震の震源断層としての木津川断層系―上野市東高倉におけるトレンチ堀削調査から」、「歴史地震」15、163－170

後藤秀昭ほか（2014）「海岸地形変化の検討結果」日本地理学会災害対応ホームページ

後藤秀昭（2014）「日本列島と周辺海域を統合した詳細地形アナグリフ―解説と地図」、「広島大学大学院文学研究科論集」特輯号74巻、1－103

後藤秀昭・鈴木康弘（2024）「地震後に書き加えられた能登半島北岸沖の海底活断層―反射断面による海底活断層認定の問題」、「科学」94、950―955
宍倉正展ほか（2007）「石巻平野における津波堆積物の分布と年代」「活断層・古地震研究報告」7、31―46
島崎邦彦（2011）「超巨大地震―貞観の地震と長期評価」、「科学」5月号
島崎邦彦（2023）『3・11大津波の対策を邪魔した男たち』青志社
鈴木康弘（2012）「東日本大震災における「想定外」問題について」、日本科学者会議編『地震と津波―メカニズムと備え』95―112
鈴木康弘（2013）『原発と活断層―想定外は許されない』岩波科学ライブラリー、岩波書店
鈴木康弘（2022）「「想定外」の落とし穴―レジリエンスを損ねるもの、稲村哲也他編『レジリエンス人類史』京都大学学術出版会、376―388
鈴木康弘（2024）「能登半島地震と活断層」、「世界」979、2―34
鈴木康弘・竹内裕希子・奈良由美子編（2022）『熊本地震の真実―語られない「8つの誤解」』明石書店
鈴木康弘・渡辺満久（2024）「富来川南岸断層に沿う地震断層の発見」日本地理学会災害対応ホームページ
鈴木康弘・渡辺満久（2024）「令和6年能登半島地震をめぐる予測の課題」、「科学」94、638―645
鈴木康弘ほか（2006）「三重県内活断層図（その1：北勢地域）」三重県・名古屋大学共同研究「活断層の位置情報の整備に関する調査研究」成果（防災みえ.jp で公開）
添田孝史（2014）『原発と大津波 警告を葬った人々』岩波新書
照本清峰・中林一樹（2007）「活断層情報を考慮した防災対策と住民の意識構造」、「地学雑誌」116、3/4、524―535

中田　高（1990）「カリフォルニア州の活断層法「アルキスト－プリオロ特別調査地帯法（Alquist-Priolo Special Studies Zones Act）」と地震対策」、「地学雑誌」99、81－90
中田高（1992）「アメリカの「活断層法」―日本でも必要か?」、「ＵＰ」２３５、22－29
中田　高・隈元　崇（2003）「活断層位置情報からみた土地利用の問題点と「活断層法」について」、「活断層研究」23、13－18
中田　高・後藤秀昭（2010）「南海トラフの海底活断層を詳細地形データから探る」、「科学」80、８５２－８５７
日本財団（2020）「日本初、日本の浅海域約90％を航空測量＆地図化する海の地図 PROJECT 始動」日本財団ホームページ
日本第四紀学会編（1987）『日本第四紀地図』東京大学出版会
羽鳥徳太郎（1975）「三陸沖歴史津波の規模と推定波源域」、「地震研究所彙報」50、３９７－４１４
北陸電力（2012）「平成23年東北地方太平洋沖地震を踏まえた活断層の連動性の検討結果について（報告）」、News Release
増田　聡・村山良之（2001）「地方自治体における防災対策と都市計画―防災型土地利用規制に向けて」、「地学雑誌」１１０、９８０－９９０
松尾　稔（1997）「防災対策に求められること―行政の責任と市民の自己責任」、「道路」１９９７－2、52－55
丸山　正（2015）「近年出現した地震断層の活動履歴調査で認められたすべり量の多様性」第２０６回地震予知連絡会資料

目黒公郎・大原（吉村）美保（2008）「人口減少社会における活断層対策の展望」、「活断層研究」28、89－94
渡辺満久・中村優太・鈴木康弘（2015）「能登半島南西岸変動地形と地震性隆起」、「地理学評論」88、235－250
OTA, Y. (1975)：Late Quaternary vertical movement in Japan estimated from deformed shorelines, *Quatern. Stud., R. Soc. N.Z. Bull*, 13, 231-239.

［その他の活断層防災論関連の著書・論文：年代順］　**＊本書収録**

鈴木康弘ほか（1996）「六甲－淡路島活断層系と1995年兵庫県南部地震断層―変動地形学的・古地震学的研究と課題」、「地理学評論」69、7、469－482
鈴木康弘（1996）「トレンチ調査の問題点と展望―野島断層トレンチからの問題提起」、「活断層研究」15、112－113
渡辺満久・鈴木康弘・岡田篤正（1997）「神戸・芦屋・西宮市街地の活断層と兵庫県南部地震に伴う震災の帯」、「地形」18、223－232
鈴木康弘（1997）「防災概念の変革期における地理学の役割」、「地理学評論」70、818－823
渡辺満久・鈴木康弘（1999）『活断層地形判読―空中写真による活断層の認定』古今書院
鈴木康弘・中田 高・島崎邦彦（1999）「地震発生長期予測のための地形学／地質学的活断層研究の新展開」、「地盤工学会誌」47、2、5－8

渡辺満久・鈴木康弘（2000）「神戸周辺の活断層と兵庫県南部地震時の地表変位」、「月刊地球」号外28、62－68
鈴木康弘ほか（2005）「サハリンの活断層の分布と概要」、「地学雑誌」１０９、３１１－３１７
鈴木康弘（2001）『活断層大地震に備える』ちくま新書
鈴木康弘・佐野滋樹・野澤竜二郎（2002）「航空写真測量に基づく桑名断層の変位地形の解析―米軍撮影航空写真による活断層航測図化の精度」、「活断層研究」22、76－82
鈴木康弘・渡辺満久・廣内大助（2004）「２００４年新潟県中越地震の地表地震断層」、「地学雑誌」１１３、８６１－８７０
鈴木康弘・熊木洋太（2004）「２００３年7月26日宮城県北部地震Ｍ６・４が提起した地震動予測地図と活断層評価の課題」、「日本地震工学会論文集」４、５、１－４
渡辺満久・鈴木康弘・伊藤武男（2005）「変動地形に基づく２００４年中越地震の断層モデル」、「地震」58、２９７－３０７
＊鈴木康弘（2005）「「寝耳に水」の悲劇を繰り返さないために―新潟県中越地震」、「地理」50－６、60－61
＊鈴木康弘（2005）「災害ハザードマップの整備」「RE: Building maintenance and management」１４７、24－28
鈴木康弘（2005）「累積変位量・地震時変位量・平均変位速度分布調査の意義と課題」、「地理科学」60、30、１７５－１７９
鈴木康弘・渡辺満久（2006）「新潟県中越地震に見る変動地形学の地震解明・地震防災への貢献―地表地震断層認定の本質的意義」、「E-journal GEO」１、30－41

鈴木康弘・野澤竜二郎（2006）「猿投山北断層のトレンチ調査―横ずれ断層の活動認定と議論」、「月刊地球」号外54、171―179
鈴木康弘・渡辺満久（2006）「新潟県中越地震の地表地震断層―地震断層認定の論理と回避すべき誤解」、「月刊地球」号外53、90―96
鈴木康弘・中田 高・渡辺満久（2008）「原発耐震安全審査における活断層評価の根本的問題―活断層を見逃さないために何が必要か？」、「科学」78、97―102
鈴木康弘ほか（2008）「2008年岩手・宮城内陸地震に関わる活断層とその意義―一関市厳美町付近の調査速報」、「活断層研究」29、25―34
鈴木康弘（2009）「岩手・宮城内陸地震と活断層―「想定外」地震を招いた要因」、「科学」79、206―209
＊鈴木康弘（2009）「学校耐震と活断層」、「科学」79、175―178
鈴木康弘ほか（2009）「糸魚川―静岡構造線活断層情報ステーション―web-GIS ベースのシステム構築とその意義」、「E-journal GEO」4、37―46
鈴木康弘（2010）「2008年岩手・宮城内陸地震と活断層―想定外地震の衝撃」、「E-journal GEO」4、109―116
＊鈴木康弘（2011）「東日本大震災の「想定外」問題について」、「地理」56―6、78―82
＊鈴木康弘（2011）「伊勢・伊賀・志摩・近江・尾張・美濃大地震の図」、「予防時報」244、1
鈴木康弘（2011）「東日本大震災の「想定外」問題について」、「日本の科学者」46、1347―1353
鈴木康弘（2013）「敦賀原発の破砕帯調査の意義と課題」、「科学」83、111―112

＊鈴木康弘（2013）「原発事故を二度と繰り返さないために」、「科学」83、241
＊鈴木康弘（2013）「原発と活断層」をめぐる「科学」の扱い」、「科学」83、1282－1283
＊鈴木康弘（2013）「東日本大震災の「教訓を生かす」とは？」、「予防時報」255、6－7
鈴木康弘（2013）：『原発と活断層―想定外は許されない』岩波科学ライブラリー、岩波書店
Suzuki,Y.（2013）Tectonic Geomorphological active fault studies in Japan after 1980. *Geographical Review of Japan*, Ser.B, 86, 6-21
＊鈴木康弘（2014）「阪神・淡路大震災と神戸の活断層を再考する」、「地図中心」2014、December、3
＊鈴木康弘（2014）「活断層調査の最前線―航空レーザによる活断層再発見」、「Architect」2014－3、17
鈴木康弘・渡辺満久・廣内大助（2015）「長野県神城断層地震が提起する活断層評価の問題」、「科学」84、175－181
渡辺満久・中村優太・鈴木康弘（2015）「能登半島南西岸変動地形と地震性隆起」、「地理学評論」88、235－250
林 良嗣・鈴木康弘編著（2015）『レジリエンスと地域創生―伝統知とビッグデータから探る国土デザイン』明石書店
鈴木康弘編著（2015）『防災・減災につながるハザードマップの活かし方』岩波書店
鈴木康弘・渡辺満久・中田 高（2016）「2016年熊本地震を教訓とする活断層防災の課題と提言」、「科学」86、839－847
鈴木康弘（2016）「低頻度巨大災害を考える地理学的視点―ハザードマップとレジリエンス」、「科学」86、407－409

Hayashi, Y., Suzuki, Y., Sato, S. and Tsukahara, K. eds.（2016）*Disaster Resilient Cities: Concepts and Practical Examples*, Elsevier.

＊鈴木康弘（2017）「熊本地震に学ぶ―活断層大地震への備え方」、「愛知医報」２０５８号、５－６

鈴木康弘（2017）「２０１６年熊本地震の地震断層に関する課題」、「活断層研究」46、41－44

＊鈴木康弘（2018）「北海道胆振東部地震と石狩低地東縁断層帯の複雑な関係」、「科学」88、１０５７

鈴木康弘・渡辺満久・中田 高（2018）「２０１６年熊本地震における益城町中心市街地内の地震断層―変動地形学的意義と建物被害への影響」、「活断層研究」48、13－34

鈴木康弘・山岡耕春・寶 馨（2018）『おだやかで恵み豊かな地球のために―地球人間圏科学入門』古今書院

Suzuki, Y.,（2019）Active Fault and Earthquake Disasters, in Himiyama, Y., Satake, K., and Oki, T., eds. *"Human Geoscience"*, Springer.

Suzuki, Y., Ishii, S., Inamura, T., Nara, Y., Takahashi H., Battulga, S., Enkhtaivan, D., Nagrangerel S., Ariunaa, C., Serjmyadag, D., Altanbadralt, B., and Bandal, T.（2019）: Enhancing Citizens' Disaster Resilience through an International Transdisciplinary Research Project in Mongolia. *Geographical review of Japan series B*, 92, 1-9.

鈴木康弘（2020）「２００８年岩手・宮城内陸地震と活断層―想定外地震の衝撃」、「E-journal GEO, 4, 109-116.

Suzuki Y.（2020）The Essence of Resilience Against Disaster: Requirements for Geographic Education. In: Nara Y., Inamura T.（eds）*"Resilience and Human History"*. Translational Systems Sciences, vol 23. Springer.

Suzuki,Y.,（2020）*Active Faults and Nuclear Regulation: Background to Requirement Enforcement in Japan*, Springer.

Suzuki, Y., Nakata, T., Watanabe, M., Battulga, S., Enkhtaivan, D., Demberel, S., Odonbaatar, C., Bayasgalan, A., Badral, T.（2020）Discovery of Ulaanbaatar Fault: A New Earthquake Threat to the Capital of Mongolia. *Seismological Research Letters*, 92, 437–447.
鈴木康弘（2022）「「想定外」という落とし穴―レジリエンスを阻むもの」、「稲村哲也他編『レジリエンス人類史』京都大学学術出版会、３７６―３８８
伊藤達雄・鈴木康弘編（2023）『持続的社会づくりへの提言―地理学者三代の百年』古今書院
奈良由美子・鈴木康弘編（2024）『レジリエンスの科学』放送大学教育振興会
＊鈴木康弘（2024）「能登半島地震と活断層」、「世界」９７９、28―34
＊鈴木康弘（2025）「阪神・淡路大震災30年―地震本部と活断層防災の課題」、「科学」93、23―27

おわりに

阪神・淡路大震災は私自身にも大きなインパクトがあった。私は学生時代から、活断層が山脈や平野を作る、といった大地のダイナミックな動きに興味を持っていた。それが活動する時には地震が起きることや過去に大きな災害があったことも教科書で読み、また講義でも聴いていたが、実感はなかった。しかし、淡路島と神戸周辺の悲惨な状況を目の当たりにして、ただ興味本位に活断層研究をしているだけでなく、社会の防災のことも同時に考えなければと感じた。それが地震直後に新聞投書を始めるきっかけになった。

地震3日後の新聞投稿記事で、活断層を調査することができることや、有効な対策があることを主張した。トレンチ調査で過去の活動を調べれば将来の活動をある程度予測できることと、海外には活断層直上の土地利用制限をしている例があることも書いた。

その後、政府に地震本部ができ、トレンチ調査が推奨され、活断層ごとに地震発生の長期予測がまとめられるようになり、私も長年その検討に加わってきた。以来30年間には多くの地震が起き、活断層と地震の複雑な関係に直面して新たな課題が持ち上がった。そしてその都度、私はそれを理解できるようになりたいと考えてきた。

しかし、この30年をふり返ると、長期評価の結果をどのように防災に活かすべきかという重要な課題について、日本全体で深い議論が行われてこなかったと思えてならない。地震の3日後に私が書いた原稿の内容からさほど進んでいないのかもしれない。しかもその原稿の内容は、過去の活動から要注意断層を見極めようという1981年に東大地震研究所の松田時彦先生が提唱したものなので、半世紀近く前の発想だった。その後、地震本部は、「要注意断層」を「地震発生確率が高い断層」と呼び換え、さらに最近では「Sクラス」と呼ぶようになったが、呼び方を変更しただけである。こうした情報を広報するだけで、防災にどう活用すべきかの議論がない。単に市民が心がけるだけで被害軽減につながるのだろうか。

30年前から、活断層沿いを地域指定して対策を強化する必要性は指摘されてきた。しかしながら経済的影響を懸念して実現していない。そうこうするうちに、2000年に制定された土砂災害防止法は「土砂災害特別警戒区域」を指定し、土地利用制限や、勧告による家屋の公費移転も可能にした。また水防法も度々改正され、2015年には家屋倒壊等氾濫想定区域における家屋建築が規制されるようになった。また2020年には都市再生特別措置法が改正され、危険性の高い場所の開発は抑制することになった。津波についても2011年から津波災害警戒区域が指定されている。今や活断層にだけ警戒地域指定がない状況であり、人命保護より経済を優先する特異な例になりつつある。

活断層は都市域にもあるため、地域指定すると影響が大きいのかもしれない。しかし対象者が多いということは必要性の高さを示している。20年以上前に我々が、神戸市街地内に活断層があること、名古屋市内にもある可能性が高いことを指摘した際、地元の行政担当者から、住民にとって迷惑だと言われたが、本当にそうだろうか。

活断層対策についての議論が途絶えている背景に、原発の影響もある。原発の地震対策において活断層はしばしば大きな問題になり、原発の是非の議論において象徴的に採りあげられることが多い。そのため、その危険性と対策について正面から議論することを原発事業者は警戒する。地震本部における活断層評価に対しても事務局へ様々な意見を伝え、2010年頃に影響を及ぼした。せっかくまとめた新たな活断層評価手法に「暫定版」と付されたのはこの頃である。

行政が科学的根拠を曖昧に使いすぎるために、科学の信頼が失墜していることも憂慮される。活断層評価をS~Zにクラス分けして一見わかりやすくしたが、そのせいで評価の確からしさの違いが隠れてしまった。２０２４年に南海トラフ地震注意情報を発令した際には、日向灘で起きた地震がさらに大きな地震を誘発する確率を高めたためとしたが、その根拠は学術的検証に耐えない。地震の予測情報はマニュアルどおりではなく、情報の確からしさを十分に吟味して丁寧に発出されるべきであり、決して行政的な都合に左右されてはいけない。仮説やモデルに過度に依存することも危うく、矛盾が生じた際には科学の信頼を損ねることになる。

我が身をふり返りつつ、研究者自身の心構えにも苦言を呈したい。活断層研究者が果たしてどれほど活断層の実態を理解できているかはわからないが、少なくともその位置についてはよく知っている。今後再び震災が起きた際、断層のすぐ近くで被災した人々に対して、こんな場所に住んでいたのだから仕方ないと言うのだろうか。

改めて阪神・淡路大震災から30年が経ち、今一度、活断層防災とそのための調査研究のあり方を原点から考え直したい。都市直下の活断層が地震を起こせば、一瞬にして数千人が命を落とす危険性があるため、活断層だけ防災計画がないままで良いわけがない。その議論をこれから行うために、本書における30年間の試行錯誤の記録が多少なりとも役に立てば幸いである。

私がこれまで自由に発言できたのは、学生時代からの地形学・活断層研究の恩師であった東京大学理学部の米倉伸之先生、地震研究所の松田時彦先生、それに職場の上司であった名古屋大学工学部土木教室の松尾 稔先生、浅岡 顕先生、愛知県立大学の半田暢彦先生が、背中を押してくださったおかげである。恩師たちがそれぞれ第一線の研究をしながら、同時に社会のさまざまな問題に立ち向かわれていた姿から学ぶことが多かった。震災直後、中日新聞社の小出宣昭 社会部長（当時）に記事を採りあげていただいたことにも勇気づけられた。さらに三重大学の伊藤達雄（伯父）、日本大学の田中啓一（叔父）や、活断層研究者である広島大学の中田高先生、東洋大学の渡辺満久さんからもさまざまな指導と叱咤激励をいただき心強かった。

恩師のひとり松尾 稔先生（当時、土木学会長）は阪神・淡路大震災直後、これから我々が目指すべき防災レベルをどうするかについて合意形成を図ることが必要だと主張された（松尾1997）。30年経って未だに実現できていないが、改めて今後、忌憚のない意見交換を尽くして、納得して活断層防災を実施できるようになれば、将来、大地震が起きても不条理に苦しまずに済むかもしれない。どうしたらそれが実現できるかを考え続けたいものである。

2025年1月

鈴木康弘

［著者紹介］

鈴木康弘（すずき・やすひろ）

名古屋大学減災連携研究センター教授、放送大学客員教授

1961年愛知県岡崎市生まれ

東京大学大学院理学系研究科地理学専攻博士課程修了、博士（理学）

専門：変動地形学、災害地理学

国土地理院活断層情報整備委員会委員長、地震調査研究推進本部専門委員、活断層調査委員（愛知県・三重県・名古屋市・神戸市）、日本学術会議連携会員、日本地理学会理事長、日本活断層学会会長、原子力規制委員会外部有識者、名古屋大学災害対策室長、総長補佐等を歴任。日本国内、モンゴル、サハリン、トルコ、台湾、韓国、中国などで活断層調査を行う。

おもな著作：「持続的社会づくりへの提言－地理学者三代の百年」古今書院，2023（共著）、「熊本地震の真実－語られない「８つの誤解」」，明石書房，2022（共著）、「ボスフォラスを越えて－激動のバルカン・トルコ地理紀行」風媒社，2021（単著）、「おだやかで恵み豊かな地球のために－地球人間圏科学入門」古今書院，2018（共編著）、「防災・減災につながるハザードマップの活かし方」岩波書店，2015（編著）、「草原と都市－変わりゆくモンゴル」風媒社，2015（共著）、「原発と活断層－想定外は許されない」岩波書店，2013（単著）、「活断層大地震に備える」ちくま新書，2001（単著）。“Active Faults and Nuclear Regulation”, Springer, 2020（単著）、“Resilience and Human History”, Springer, 2020（分担執筆）、“Human Geoscience”, Springer, 2019（分担執筆）、“Disaster Resilient Cities”, Elsevier, 2016（共編著）

活断層防災を問う—阪神・淡路大震災 30 年

2025 年 2 月 15 日　第 1 刷発行　（定価はカバーに表示してあります）

著　者　　鈴木 康弘

発行者　　山口 章

発行所　名古屋市中区大須 1 丁目 16 番 29 号
電話 052-218-7808　FAX052-218-7709
http://www.fubaisha.com/
風媒社

乱丁・落丁本はお取り替えいたします。　＊印刷・製本／シナノパブリッシングプレス
ISBN978-4-8331-1162-1